U0902617

A Library of Academics by PHD Supervisors

博士生导师学术文库

商务网络信息生态链价值的协同创造

张海涛　张连峰　王　丹　著

图书在版编目（CIP）数据

商务网络信息生态链价值的协同创造/张海涛，张连峰
王丹著. —北京：中国书籍出版社，2018. 11
ISBN 978 - 7 - 5068 - 7081 - 8

Ⅰ. ①商…　Ⅱ. ①张…②张…③王…　Ⅲ. ①电子商务—信息处理—研究　Ⅳ. ①F713. 36

中国版本图书馆 CIP 数据核字（2018）第 249800 号

商务网络信息生态链价值的协同创造

张海涛　张连峰　王　丹　著

责任编辑　刘　娜
责任印制　孙马飞　马　芝
封面设计　中联华文
出版发行　中国书籍出版社
地　　址　北京市丰台区三路居路 97 号（邮编：100073）
电　　话　（010）52257143（总编室）　（010）52257140（发行部）
电子邮箱　eo@ chinabp. com. cn
经　　销　全国新华书店
印　　刷　三河市华东印刷有限公司
开　　本　710 毫米 ×1000 毫米　1/16
字　　数　186 千字
印　　张　14
版　　次　2019 年 1 月第 1 版　2019 年 1 月第 1 次印刷
书　　号　ISBN 978 - 7 - 5068 - 7081 - 8
定　　价　78. 00 元

前　言

电子商务的蓬勃发展带动了中国绿色经济的增长，并且成为了中国经济发展的源动力。中国的电子商务起步较晚，但发展速度却非常惊人。效率高、成本低是电子商务具有的优势，电子商务从兴起到蓬勃发展只用了短短十几年，现如今已然成为经济发展中新的增长点。

生态学主要强调人与自然环境协调发展的问题。而人的全面发展和社会的进步除了应注重自然环境外，还必须兼顾与社会组织、信息环境的和谐发展，由此便引发了关于信息生态的研究。信息生态学是信息科学与生态学相互交叉而出现的全新的研究领域，研究的目的是要实现信息生态系统的平衡，促进人、信息环境乃至人类社会的可持续健康发展。所以，利用信息生态学的相关理论研究商务网络发展过程中所遇到的问题，使其得到可持续健康地发展是我们不断研究的目标。

本书应用信息生态学的相关理论，结合自组织理论、系统动力学理论、价值链理论、协同理论以及演化博弈理论，对商务网络信息生态链价值协同创造和演化博弈展开研究。

（1）基于耗散结构理论和演化博弈的思想，分别构建了商务网络信息生态链的演化逻辑模型和演化模型，丰富商务网络信息生态链理论体系，并对商务网络信息生态链的发展趋势进行了预测。根据商务网络信息生态链自身特点，对其作为耗散系统具有的条件、演化规律、演化机理进行分析；利用演化博弈理论，分析商务网络信息生态链各主体的竞争协作关系；结合信息势能的思想，阐述商务网络信息生态链的演化机理。经过研究发现，商务网络信息生态链的演化路线分为5个阶段，其在演化过程中，逐渐由无序变为有序，由不稳定变为稳定，最终形成以某一节点为核心节点的商务网络信息生态链。

（2）对商务网络信息生态链价值的相关概念进行了阐述，主要包括商务网络信息生态链价值的基本内容和商务网络信息生态链价值链的基本内容。接下来又对商务网络信息生态链价值的形成机理展开了研究，在商务网络信息生态系统的最初时期，它应是一个远离平衡态的非线性的开放系统，不断地与外界交换物质和能量，当系统内部某个参量的变化达到一定的阈值时，通过涨落，系统可能发生突变即非平衡相变，由原来的混沌无序状态转变为一种在时间上、空间上或功能上的有序状态。这种在远离平衡的非线性区域形成新的稳定的、宏观的、有序的结构。由于需要不断与外界交换物质或能量才能维持这种状态，因此称之为“耗散结构”。

（3）利用系统动力学理论对商务网络信息生态链价值协同创造的影响因素进行分析，并构建了商务网络信息生态链价值创造影响因素因果关系图、过程系统流图和价值星系运行过程模型，据此又构建了商务网络信息生态链价值协同创造关系模型。在此基础上，通过实证分析的方法对模型进行了检验，并对关系模型进行了修正。

（4）对商务网络信息生态链价值协同创造机理进行了研究，商务网络信息生态链是通过信息主体、信息资源、信息技术以及信息环境这四个构成要素彼此之间的相互联系、紧密结合以及相互影响、相互作用下形成的。根据系统论的观点，正是通过系统构成要素之间的这种互相联系、紧密结合、相互影响和相互作用，从而在系统的内部和外部之间形成了一种特定的结构和秩序，进而在系统与环境之间、系统与要素之间以及要素与环境之间形成了协同机制以实现系统资源的高效利用和有效配置。因此，本章利用自组织相关理论对商务网络信息生态链价值协同创造的动因、节点、序参量演化、框架模型及耦合作用关系进行了细致研究。

（5）基于演化博弈理论，以商务网络信息生态链上的两个任意节点为研究对象，针对商务网络信息生态链价值的演化博弈问题，论述了博弈的逻辑，厘清博弈类型，并建立了演化博弈模型。所提出的模型为商务网络信息生态链上的节点选择最佳的合作竞争策略提供了一种有效参考。最后在商务网络信息生态链中，对于节点如何分配到更大的价值收益应进行的博弈策略选择，提供了详细的策略建议。

在理论层面，综合应用自组织理论、系统动力学理论、价值链理论、协同理论、演化博弈等基本理论和方法，系统、深入地分析了商务网络信息生态链价值的内涵、价值创造动力与机理，从理论角度探讨商务网络信息生态链价值的本质问题，研究了商务网络信息生态链的价值链模型、节点价值模型、价值协同创造机理、演化博弈模型等内容，丰富和完善了商务网络信息生态理论，这对于深化图书情报与文献学的学科理论体系具有一定意义。

在实践层面，对商务网络信息生态链价值协同创造影响因素进行了实证调查，利用 SPSS 软件对数据进行了分析，为电商企业实现自身价值的提升和增值提供了指导。未来研究中，将以信息生态理论为基础，对商务网络展开更加深入地研究，推动电商企业更快、更好的发展。

目 录
CONTENTS

第 1 章

绪　论

1.1　研究背景及意义

1.1.1　研究背景

2012 年中国共产党第十八次代表大会召开，生态文明建设被纳入“五位一体”的中国特色社会主义总体布局之中。在十八届五中全会，生态文明建设被写入“十三五”规划。生态的问题已然成为现在国家发展过程中重点关注和亟须解决的问题，所以信息生态的相关研究也应得到更多学者的思考和探索。

生态学主要强调人与自然环境协调发展的问题。而人的全面发展和社会的进步除了应注重自然环境外，还必须兼顾与社会组织、信息环境的和谐发展，由此便引发了关于信息生态的研究。信息生态学是信息科学与生态学相互交叉而出现的全新的研究领域，研究的目的是要实现信息生态系统的平衡，促进人、信息环境乃至人类社会的可持续健康发展。

如今，电子商务已然成为中国经济发展的原动力。中国的电子商务起步较晚，但发展速度却非常惊人。效率高、成本低是电子商务具有的优势，电子商务从兴起到蓬勃发展只用了短短十几年，如今已然成为经济发展中新的增长点。

信息生态理论的研究一直得到国家的高度重视，成为热点研究领域。2005 年，北京大学周庆山教授获得国家社会科学基金项目“网络信息生态链发展机制与优化管理研究”。2008 年，有三项关于信息生态的课题被国家社会科学基金立项，分别为吉林大学靖继鹏教授申请的项目“信息生态系统构建的基本理论及应用研究”、华中师范大学娄策群教授申请的项目“信息生态系统理论及其应用研究”以及山西大学裴成发教授申请的项目“信息运动生态协同演进研究”。2011 年，吉林大学研究团队收获喜人，由靖继鹏教授作为首席专家申请的课题“网络信息生态链形成机理与演进规律研究”被国家社会科学基金立为重大项目，张海涛教授所申请的课题“商务网站的信息生态环境分析与经营效益评价研究”被国家社会科学基金立项，同时华中师范大学娄策群教授的研究团队所申请的课题“网络信息生态链发展机制与优化管理研究”被国家社会科学基金立为重点项目。2013 年，吉林大学马捷教授申请的课题“基于生态化程度测评的网络信息生态系统研究”被立为国家社会科学基金立项。2014 年，山西大学裴成发教授的研究课题“基于信息生态的信息资源协同建设研究”被立为国家社会科学基金项目，如表 1.1 所示。

表 1.1　国家社会科学基金项目立项情况

序号	项目名称	负责人	工作单位	项目类别	年份
1	网络信息生态评价体系与保护策略研究	周庆山	北京大学	一般项目	2005
2	信息生态系统构建的基本理论及应用研究	靖继鹏	吉林大学	一般项目	2008
3	信息生态系统理论及其应用研究	娄策群	华中师范大学	一般项目	2008

续表

序号	项目名称	负责人	工作单位	项目类别	年份
4	信息运动生态协同演进研究	裴成发	山西大学	一般项目	2008
5	商务网站的信息生态环境分析与经营效益评价研究	张海涛	吉林大学	一般项目	2011
6	网络信息生态链发展机制与优化管理研究	娄策群	华中师范大学	重点项目	2011
7	网络信息生态链形成机理与演进规律研究	靖继鹏	吉林大学	重大项目	2012
8	基于生态化程度测评的网络信息生态系统研究	马 捷	吉林大学	一般项目	2013
9	基于信息生态的信息资源协同建设研究	裴成发	山西大学	一般项目	2014

从已有的研究成果进行总结分析，对于信息生态的概念、内涵、特点、构成内容、信息生态模式、影响因素，信息生态系统组成要素、信息系统演化、信息系统升级、信息生态平衡及对策、网络信息生态链的基本概念等方面已经形成较为一致的认识。而关于商务网络信息生态的理论与应用研究，无论国内外，仅仅处于刚刚起步阶段，而关于商务网络信息生态链价值的相关研究还比较少。

1.1.2 研究意义

1. 理论意义

（1）推进商务网络信息生态理论体系的构建

本书研究将综合应用自组织理论、系统动力学理论、价值链理论、协同理论、演化博弈理论等基本理论和方法，系统、深入地分析商务网络信息生态链价值的内涵、价值创造动力与机理，从理论角度探讨商务网络信息生态链价值的本质问题，深入研究商务网络信息生态链的价值链模型、节点价值模型、价值协同创造机理和演化博弈等问题，进而丰富和完善商务网络信息生态理论，这对于深化图书情报与文献学的学科理论体系，乃至社会科学的学科理论研究，提升学科的应用价值具有一定的意义。

（2）深化信息生态理论在商务网络领域的应用

信息生态是某一环境下的人力资源、行为、价值和技术的总和。信息生态学的研究主要是关于人与其周围环境，把局部环境中的信息技术与人的关系作为信息生态理论探讨的主要内容。商务网络作为新兴领域，却正在逐渐改变我们的生活，并成为一种新的商业业态。本书主要利用信息生态理论，对商务网络信息生态链价值创造问题展开了相关研究。结合自组织理论、系统动力学理论、演化博弈理论以及实证分析方法，将商务网络信息生态链价值创造过程中的协同和演化博弈问题进行了深入研究，通过理清商务网络信息生态链价值创造过程中人、环境、信息和技术之间的相关关系，将信息生态理论与商务网络相结合，从而更加深化和完善了信息生态理论在商务网络领域的应用。

2. 现实意义

（1）为商务网络信息生态链价值创造研究提供了新的视角

商务网络信息生态链的运行注重商务网络信息生态链中各个节点要素之间的生态作用关系。通过本书的研究，将管理学、信息生态学、演化博弈理论与价值链理论等相关理论应用于商务网络信息生态链的建设和发展实践中，为商务网络的发展提供新视角，促进商务网络价值的均衡和协调发展，在实现商务网络信息主体收益最大化的同时，促进国家信息化建设和社会的可持续发展。

（2）为商务网络信息生态链价值创造提供实证的支持

运用实证分析的方法，对商务网络信息生态链价值协同创造过程中的各协同要素之间的关系做了假设，构建了假设模型，随后进行了问卷调研，对回收的数据进行了收集和处理，并对各要素之间的关系做了相关分析，通过实证分析得到的结果对假设模型进行了修正，通过实证的研究将为商务网络信息生态链价值的相关研究提供可借鉴的经验。

1.2 国内外研究综述

1.2.1 国内相关研究

1. 国内电子商务领域研究的主要内容

（1）电子商务供应链协同竞争机制研究

在电子商务供应链协同方向的研究，国内学者的关注点主要集中在影响因素、电子商务供应链协同的作用机理、运营管理策略以及电子商务供应链协同的数学建模等方面。

刘胜华就对电子商务供应链协同中的影响因素进行了深入剖析，他认为企业运营中的影响因素与供应链协同是相互影响的，供应链协同会影响到企业的成本、供给等，同时企业的运营、激励机制、信息流转等因素也会对供应链协同产生影响。

卫晓玲认为供应链协同对巩固企业间的长期合作伙伴关系有着重要的作用，有助于促进供应链企业的生产流程再造、有利于供应链中信息的高效流转。

陈长彬指出电子商务供应链的出现是为了电子商务企业间能更好地实现双赢或者共赢的局面，因为它可以促进企业内部、企业与企业之间的信息流转、信息共享，有利于维系企业之间的相互信任、长期合作的关系，并且有了电子商务供应链的存在，企业间的风险也可以在一定程度上相互承担。

王玉也对电子商务供应链协同的影响因素进行了研究，比较有代表性的影响因素主要有：企业经营管理理念、员工能力、信息共享程度等。

张少峰通过分析影响供应链协同的促成因素和阻碍因素提出了电子商务环境下供应链协同的策略。同时作者分析了供应链协同与信息共享的关系，指出信息共享是供应链协同的关键。

就目前研究状况而言，供应链协同已经成为供应链管理领域研究的热点问题。对供应链协同的研究主要集中在战略协同、策略协同和技术协同三个层次。

（2）电子商务价值链研究

在对电子商务价值链的研究上，国内学者主要对电子商务价值链的内涵、特征、作用、协同机理等方面进行了深入分析。

陈荣对虚拟价值链的内涵进行了阐述，他指出虚拟价值链其实就是在传统价值链上的延伸和发展，是企业在以信息为主导的虚拟市场中从事价值活动从而形成的。

奚伟、苑春荟、尹同国等人总结了电子商务价值链的特征。

奚伟对价值链的特征进行了研究，他指出价值链存在缩短和虚化、呈网状结构以及利用信息创造价值的三个特征。

苑春荟提出了电子商务价值链有四个特点，分别是增值性、信息性、协作性、虚拟性。并提出了将信息技术、网络技术等应用到电子商务价值链中去，进而使电子商务价值链中的信息流、资金流、价值流等能够更加高效的流转。电子商务企业也将以某一个企业为核心组建成一个由上下游、竞争者、管理者等构成的一个网状结构，进而形成了一个具有较强竞争力的战略联盟。

尹同国对虚拟价值链也进行了深入解析，他指出虚拟价值链的主要特征有：非物质性、独特性、灵活性、持久性。

范星妙对电子商务大背景下基于价值链理论的旅游企业战略联盟进行

了深入剖析，并在此基础上对电子商务企业战略联盟中的合作伙伴的选择、收益分配、联盟类别的划分等进行了阐述，并最终提出了战略联盟稳定性的评价标志。

(3) 移动电子商务价值链研究

国内移动电子商务的发展受到了电子商务蓬勃发展的大环境的影响，越来越多的企业加入到了移动电子商务的发展行业中，与此同时诸多学者也对其展开了研究，对移动电子商务的热门研究领域的研究主要集中在对其内涵、应用、服务模式、技术安全等方向，对移动电子商务价值链的相关研究相对较少。

王建军、张召蒲主要对移动电子商务模型、参与者、价值链三个方面进行了深入研究。

张向国结合了价值网理论和移动电子商务的商业模式特征，构建了移动电子商务价值网络的生态模型，并对其运行机制、协同模式等进行了分析。

陈致豫主要对移动电子商务价值链中的成员关系问题进行了研究，从成员关系的建立、成员关系的发展、成员关系的持续三个方面构建了移动电子商务成员间的关系模型，并最终构建了移动运营商和内容提供商的关系满意模型。

赵干辅对移动点在商务价值链的定义、构成要素、交易环节以及移动电子商务价值链的模型进行了深入分析。他认为应将移动电子商务价值链定义为由移动网络运营商、支付服务机构、物流公司、内容及服务应用提供商、移动终端制造商等共同打造的一个创造价值的动态过程。

刘道斌在探索移动电子商务价值链的研究中，构建了新型的移动电子商务价值链模型：基于个人的移动电子商务价值链模型，这个模型主要包括：内容、应用服务提供商、门户、接入服务提供商、无线网络运营商、终端平台和应用程序提供商以及个人用户。

2. 国内信息生态领域文献计量分析

（1）信息生态学的发展

作为学术研究，知其然，还要知其所以然。要想彻底理清商务网络信息生态链的研究现状，我们就需要对其根源“信息生态学”的发展脉络进行梳理。

本书在中国知网“中国期刊全文数据库”，以“信息生态”为检索词，进行“篇名”检索，检索日期为2015年12月31日。经过筛选、剔除，检索到相关文献共计635篇，文献类型包括：期刊论文、硕士论文和博士论文，国内关于信息生态的研究起始于1995年，文献的年份发文数量以及占比分析如表1.2所示。

表1.2　信息生态文献数量统计

年份	论文数量	占比（%）	年份	论文数量	占比（%）
1995	2	0.3	2007	31	4.9
1996	1	0.1	2008	39	6.1
1998	2	0.3	2009	45	7.1
2000	4	0.6	2010	65	10.2
2001	3	0.4	2011	76	12.0
2002	7	1.1	2012	66	10.4
2003	4	0.6	2013	84	13.2
2004	6	0.9	2014	85	13.4
2005	9	1.4	2015	85	13.4
2006	16	2.5	总计	635	

通过表1.2的数据统计，笔者对国内信息生态理论研究的发展过程进行了总结归纳，理清我国信息生态理论体系的发展脉络。图中以时间为横坐标，发文数量为纵坐标，绘制了我国信息生态理论演进发展路线，如下图1.1所示。

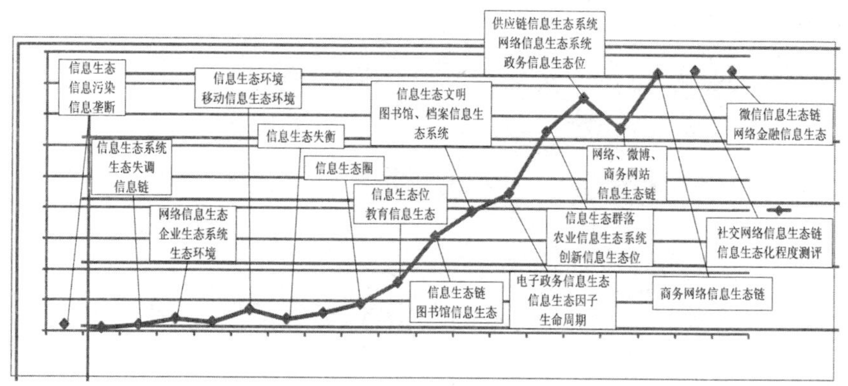

图1.1 我国信息生态理论演进发展路线

从时间发展的脉络来看，1995年至2003年我国信息生态理论的相关论文数量相对较少，论文的研究主题主要集中在“信息生态、信息污染、信息垄断、网络信息生态、信息生态失衡”这几个方面。

2004年至2012年间，信息生态理论研究的论文数量明显增加，研究的主题范围也越来越广，主要包括“信息生态位、信息生态链、图书馆信息生态、档案信息生态、电子政务信息生态、网络信息生态链、微博信息生态链、商务网站信息生态链”等，研究的主体也有明显的增加。

2013至2015的三年间，关于信息生态理论研究的论文数量依然很高，但三年的数量趋于平稳，新增的研究主题包括“商务网络信息生态链、社交网络信息生态链、微信信息生态链、信息生态化测评”等。从新增的主题来看，关于信息生态理论的研究已经得到了深化发展。

（2）信息生态领域研究热点

在CiteSpace Ⅱ界面中，Term Type选择Noun Phrases，Node Type选择Keyword，设置好阈值，然后运行软件，得到信息生态研究热点的图谱，如图1.2所示。

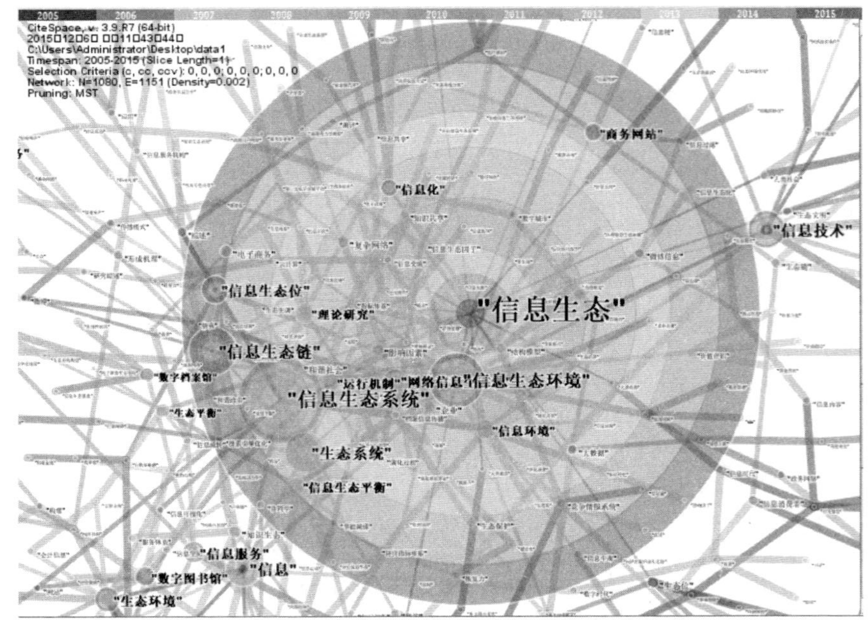

图 1.2　国内信息生态研究的关键词聚类图谱

从实验结果可以看出，字体越大代表文献数量越多，也就意味着该领域为热门领域，离中心位置越远表示该领域出现时间越晚。从图中可以看出研究的热门领域主要包括信息生态环境、信息生态系统、信息生态位、信息生态链等。

不难看出，信息生态链是当下研究的热门领域之一，虽然出现时间较晚，但是文献数量较多。信息生态链在发展过程中，由于主体的不同，逐渐衍生出多种信息生态链，商务网络信息生态链就是其中的一种。

（3）研究机构分布

利用 CiteSpace Ⅱ 对检索到的文献进行统计分析，发现主要研究机构分布如图 1.3 所示。

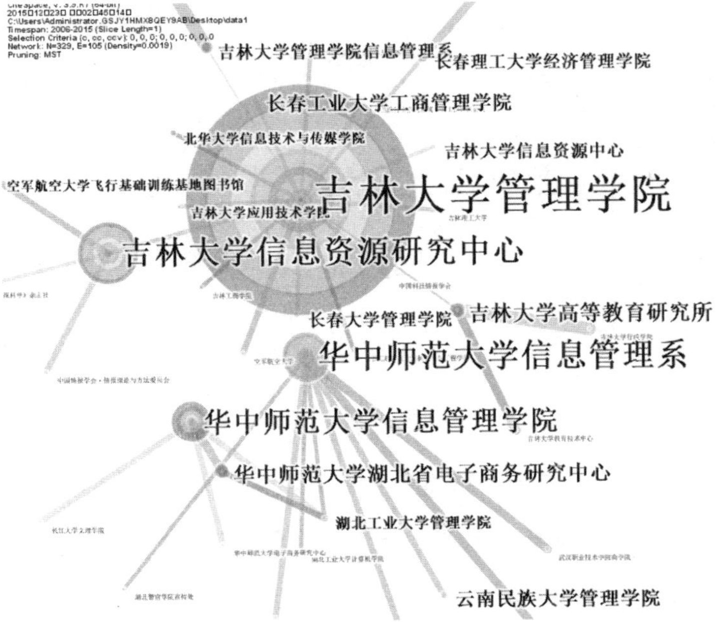

图1.3 信息生态领域科研机构分布图

对信息生态这一领域进行研究的科研机构主要以吉林大学管理学院和华中师范大学信息管理学院为核心节点。其中吉林大学信息资源研究中心和华中师范大学信息管理系的节点相对较大，这说明二者在研究中扮演着重要的角色。除以上科研机构外，还有其他科研机构如长春大学管理学院、湖北工业大学管理学院、长春工业大学工商管理学院等也纷纷加入到对信息生态的研究中。通过对科研机构的统计分析可以看出：①管理类、信息管理学科对信息生态的研究较多，其他学科对其研究较少甚至没有。②对该领域研究的核心科研机构属于国内较权威的机构，这也证明该领域具有研究价值和研究热度。

（4）刊物分布统计

对期刊发文量进行统计分析，结果如表1.3所示。

表 1.3 期刊发文量统计

期刊	发文数量	期刊	发文数量
情报科学	84	图书馆工作与研究	6
图书情报工作	68	情报资料工作	6
情报理论与实践	49	图书与情报	4
图书馆学研究	25	图书情报知识	2
情报杂志	24	图书馆建设	2

上表为刊发信息生态领域研究文献的数量统计，并列举了前十名的期刊和发文数量。由表可以看出，信息生态领域文献多数在核心期刊上刊载，期刊权威、发表的学术论文水平较高，这也间接表明，信息生态这一领域已获得大多数核心期刊的认可，这一领域有较高的研究价值。

（5）核心作者分析

对从事信息生态研究的核心作者进行分析，主要通过作者发文数量、作者被引数量、作者论文被下载量三个方面进行。对作者发文数量的统计如表 1.4 所示。

表 1.4 核心作者发文数量

作者	篇数	作者	篇数
娄策群	34	张连峰	10
马　捷	21	刘　洵	9
王晰巍	18	许孝君	9
靖继鹏	16	杨小溪	9
张海涛	15	周承聪	7
张向先	13	魏傲溪	7
李北伟	13	余胜泉	6

核心作者文献被引统计分析如表 1.5 所示。

表 1.5 核心作者文献被引次数

作者	被引次数	作者	被引次数
陈 曙	138	王东艳、候延香	108
李美娣	128	田春虎	91
余胜泉	127	谢立虹	73
韩刚、覃正	124	靖继鹏	68
娄策群、周承聪	121	袁文秀	67

核心作者文献下载量统计分析如表 1.6 所示。

表 1.6 核心作者文献下载数量

作者	下载量	作者	下载量
郑絜	1843	韩子静	1123
娄策群、周承聪	1628	卢金荣	1067
余胜泉	1440	吴礼龙	1047
韩刚、覃正	1216	靖继鹏	1034
张向先	1157	杨小溪	1074

通过对作者的发文量、被下载量、被引量进行了统计分析，不难发现，很多学者如娄策群、周承聪、靖继鹏、韩刚、覃正等不仅发文量很多、被引量和下载量也很高，这充分证明了该类学者的学术水平和权威性，为信息生态的研究奠定了扎实的理论基础。此外，我们也可以看到，很多年轻学者如许孝君、杨小溪等也积极参与到该领域的研究中来，发文数量较多，这为信息生态未来的研究注入了新的活力。

3. 国内信息生态领域研究的主要内容

（1）信息生态学的起源

信息生态学是信息科学与生态学相互交叉而出现的一个新的研究领域。信息生态一词于 20 世纪八九十年代开始被西方学者所使用。它被用来表达生态观念和日益变得重要和复杂的信息环境之间的关联。

我国信息生态的研究起步较晚，始于20世纪90年代。我国最早提出信息生态学，并对信息生态学给出定义的是张新时院士。张新时院士指出："信息生态学不仅具有信息科学的高科技与信息理论的优势，而且继承和发展了生态学的传统理论，强调对人类、生态系统及生物圈生存攸关的问题的综合分析研究、模拟与预测，并着眼于未来的发展与反馈作用"。

1995年至1996年间，陈曙分别发表了《信息生态的失调与平衡》《信息生态失调的剖析》《信息生态研究》三篇文章，成为国内最先发表信息生态问题文章的学者。他从信息超载、信息垄断、信息侵犯、信息污染和信息综合症五方面剖析了信息生态失调的基本形态，然后又从信息的生产和消费、信息的储存和传递、信息的民主和法制、信息的污染和净化以及信息生态的综合治理五方面论述了与之相应的信息生态平衡。

通过CiteSpaceⅡ图像可以看出，信息生态发展至今，文献主要集中在信息生态系统、信息生态环境、信息生态位、信息生态链这几个领域。

（2）信息生态系统

1998年，李美娣首先对信息生态系统展开了研究，并对信息生态系统的要素、信息生态系统的功能、信息生态系统的组成成分等问题进行了详细的探讨。

在信息生态系统的内涵上，娄策群指出，信息生态系统是信息人与信息生态环境相互联系、相互作用的有机整体。蒋录全指出，信息生态系统就是在一定的信息空间中，人、人类组织、社区与其信息环境之间由于不断地进行信息交流与信息循环过程而形成的统一整体。陈远等指出，信息生态系统产生于社会学，是在特定环境中由人、实践、价值和技术构成的一个系统。刘金玲则认为信息生态系统是一个与自然生态系统进行类比后得到的概念，是关于信息——人——信息环境之间相互关系的总和。可见，信息生态系统是一个由信息人、信息内容、信息环境、信息技术组成的具有复杂性、多样性和动态性的统一整体。在这个系统中占核心地位的不是先进的技术，而是在一定技术支持下的人的活动。

在此研究基础上，张海涛教授的研究团队运用生态论、系统论以及复杂系统自适应理论对商务网站信息生态系统的组成要素进行了分析，构建了商务网站信息生态系统模型图和运行机制图；采用模糊综合评判的方法对该系统的配置水平进行了评价；最后，构建商务网站信息生态系统的经营效益评价模型和指标体系，对商务网站信息生态系统的经营效益进行评价。

（3）信息生态环境

2002 年，马自坤率先发表期刊论文，阐述了信息生态环境与社会、政治、文化和经济发展的关系，对加强信息生态环境的建设和控制提出了相应的对策和建议。李晓玲、杜欣明结合我国实际分析了信息生态环境失衡现象和根源以及在建设方面的问题，为形成良好的信息生态环境提出一些看法和意见。随后，针对网络信息生态环境的研究逐渐增多。陈秀英分析了网络生态环境危机的表现、危害及成因，并阐述了保护网络生态环境的重要性，提出了解决网络生态环境危机的对策。冷晓彦、马捷从政治环境、技术环境、人文环境、经济环境四大方面对网络信息生态环境进行了评价，并构建了网络信息生态环境的评价指标体系，提出了优化策略。还有学者分别对图书馆信息生态环境、政务信息生态环境和商务网站信息生态环境等展开分析，丰富了我国信息生态环境的理论体系。

（4）信息生态位

2006 年，娄策群首先提出了信息生态位的概念，借鉴生态学中的生物生态位原理，从理论上对信息生态位的内涵与外延、维度与宽度、重叠与分离、形成与变化等进行探讨。2008 年，刘志峰、李玉杰共同根据生态位原理对信息生态系统进行了分析，进一步探讨了信息生态位的内涵、模型及基本原理。2009 年，裴成发从集合论的基本思想出发，结合生态位的相关理论，对信息生态位内涵进行界定，对信息生态位位移的缘起进行描述，对信息生态位的维度中的信息生态位宽度、信息生态位分离等不同位移方式的测度进行说明，在此基础上，阐述信息生态位的不同位移方式及其相关影响。随后，关于信息生态位的研究逐渐增多。冯秀珍研究了信息服务平台的信息生态位构成要素、信息生态位状态以及信息生态位对信息服务平台的潜在影响；构建了面向信息服务平台的信息生态位重叠模型，运用该模型分析信息生态位的演化机理，探讨适用于信息服务平台运营管理的信息生态位演化模式。2011 年，娄策群教授的研究团队对信息生态位又展开了深入的研究，根据信息生态学的相关原理，解析了在信息环境之中会对信息生态位宽度产生影响的因素，和信息人会受到的信息生态位宽度的影响；解析了从三个角度即功能、资源和时空生态位对信息生态位重叠的定义及作用原因开展解析，而且在这个基础上叙述了信息生态位重叠影响了信息人竞争以及信息资源利用程度；立足于信息服务机构信息生态位概念的基础，论述改进信息服务机构信息生态位的准则和方式，指出加强信息服务机构信息生态位的方法，以及信息服务机构业务外包的产生样式和完成环节。

（5）信息生态链

2007 年，韩刚、覃正首先提出了信息生态链的概念，并构建了信息生态链的理论框架，探讨了信息生态链管理的目标和方法，为信息管理提供了一个生态学视角的分析工具。

娄策群在借鉴生态链理论的基础上，探讨了信息生态链的概念，指出信息链是在信息生态系统中，不同种类信息人之间信息流转的链式依存关系；并进一步分析了信息生态链中信息流转的方式、模型和效率。李佳玉提出了信息生态链断裂的问题，并给出相应的应对措施，即加强宏观调控、制度统一的规范标准，完善信息生态链，加强信息生态系统建设。随后关于信息生态链的研究逐渐增多，同时关于不同主体的信息生态链也引起了诸多学者的研究兴趣。

（6）网络信息生态链

2012年3月10日，由吉林大学管理学院信息资源研究中心主任靖继鹏教授担任首席专家的2011年国家社会科学基金重大招标项目“网络信息生态链形成机理与演进规律研究”开题论证会在吉林大学南岭校区召开。同年，华中师范大学娄策群教授承担的2011年国家社会科学基金重点项目“网络信息生态链运行机制研究”也同时展开。两个研究团队为网络信息生态链的研究拉开了序幕。

张向先指出网络信息生态链是指在网络环境下由信息主体之间通过信息流动和相互作用而形成的链式依存关系，是以信息消费者为核心主体，以信息传递和信息共享为目的，经历信息的生产、传播、组织、再加工、使用（消费）等基本流程，将信息生产者、信息传播者、信息组织者、信息消费者连成一个整体的功能网链结构，其本质是网络环境下的信息共享系统。

娄策群等学者对网络信息生态链形成的主要标志、发育过程、形成机理与运行机制进行了分析，提出网络信息生态链的运行机制主要有协同竞争机制、信息流转机制、价值增值机制、共生互利机制、动态平衡机制。李北伟、杨瑶分别基于博弈论和演进模式对网络信息生态链演进问题进行了研究。毕达宇对网络信息生态链的稳定性进行了阐述，段尧清对网络信息生态链的表现形式、功能结构进行了剖析。

纵观已有文献，可以看出，对网络信息生态链的研究主要集中在其结构、功能、模式、形成机理、运行机制、演进等方面，主要偏重于定性的分析，定量和实例分析较少。

（7）商务网络信息生态链

2013年，许孝君以生态学及信息生态链理论为研究基础，对商务网络信息生态链的含义及特征进行分析，深入探讨商务网络信息生态链的组成部分，明确阐述商务网络信息生态链的三大结构要素——“节点”“节点关系”及“链接模式”；在此基础上，借鉴“价值链”“供应链”及“复杂系统论”等相关理论研究方法，从信息、信息主体、信息环境及信息技术4个因素出发，构建商务网络信息生态链的结构模型。张海涛以跨学科理论研究为视角，将生态学、信息生态学、产业链、物理能量学等多门学科知识交叉应用，对商务网络信息生态链概念的内涵与外延问题进行深入分析。在此基础上，又对商务网络信息生态链的功能及其功能载体进行分析，完善了商务网络信息生态链的理论研究体系，坚固了人们对商务网络信息生态链使用价值的认识。

通过对商务网络信息生态链文献的梳理，目前，其研究主要集中在概念、结构模型构建、功能以及演化模型、演化逻辑这几方面。商务网络信息生态链与网络信息生态链有着诸多共同点，因此，网络信息生态链研究的内容，也应该对商务网络信息生态链进行剖析。除此以外，商务网络信息生态链又与网络信息生态链有着很大不同，商务网络信息生态链的主体是商务网站，商务网站是以盈利为目的的网站，追逐价值是商务网站生存和发展的动力。所以，研究商务网络信息生态链价值的形成、流转、分配等问题是十分必要的。

1.2.2 国外相关研究

1. 国外电子商务及价值创造研究的主要内容

(1) 电子商务生态系统

对国外学者的文献查找中发现，完整意义的“电子商务生态链”说法并不存在，比较相近的概念研究包括“产业链”“网络信息生态”“商务生态系统”“电子商务生态系统”。

学者摩尔在“The death of competition：Leadership and strategy in the age of business”一文中首次提到了商业生态系统的概念，并对其演化规律、商

业系统的动态性和共生性等特征进行了详尽阐述，这也是生态系统理论首次应用到了商业领域中。

勒温也对商业生态系统进行了研究，他指出商业生态系统中的个体，由于自身资源的不同，也如生态学中个体一样占据着不同的“生态位”，这些个体之间通过相互作用和演化最终将会形成一个新型的关系密切的生态系统。

Vuori 指出这是一个动态的、关联性强的系统，它的特点主要有：动态性、复杂性、完整性等。

美国学者 JavaIgi R. G 等利用网络生态系统的特点，构建了一个新型的具有动态性、时效性，更加通用的电子商务生态模型。

（2）电子商务供应链协同

Mahesh Nagarajan 主要对协同博弈理论及其应用情况进行了剖析，并指出利润分配与电子商务供应链的稳定性这两个方面在协同博弈中至关重要，通过对一般供应链模型中可能出现的各种情况进行分析，利用协同竞价模型的方法对电子商务供应链协同的理论分配的问题又进行了进一步的阐述。

Charles C. Poirie 和 Michael J. Bauer 将各电子商务企业连接起来之后，应该专门成立一个小组，将企业的内部资源、外部资源充分利用，并共同讨论网络配送、经营等的最佳方案，最后实现电子商务供应链的协同。

Mallik 和 Harke 结合博弈论对竞争的协同机制进行了研究，并最终构建了多个制造商、多种产品条件下的激励整合模型。

Cao 和 Zhang 对供应链协同过程中所带来的优势、特点进行了分析，并阐述了供应链协同对组织绩效带来的好处，最后利用实证分析对所列举的观点进行了验证和修正。

Liu 和 Kumar 对供应链上主体获取共享信息的途径进行了剖析，通过参数化模型的方法解析了供应链主体获取信息的途径，通过改变相应的参数值，可以调节供应链上信息的共享程度。

Samadda 和 Kadiyala 对跨组织供应链资源共享协同机制进行了分析研究（从知识创新的角度）。

Paula 对商务谈判过程中，供应链在知识管理方面的协同问题进行了研究。

（3）移动电子商务价值链

国外学者根据各自对移动电子商务的理解，对移动电子商务市场的观察总结，提出了多种不同的移动电子商务价值链模型。

Ruke 认为伴随着移动技术的三次变革，即模拟技术、数字技术、无线网络高速传播技术，移动电子商务价值链也随之产生 3 次重要的阶段。

20 世纪末期，被认为是 3G 的时代，它引领新的技术变革，导致全世界有关电子商务价值发生革命性的变化。这个变化之后的产物也叫第三代价值链。这个价值链主要分为六个方面，分别涵盖上游，中游和终端客户。

Morna S. Y Lee 认为移动商务价值链应该有数据层，传输层和管理层。第一层包括上游各种开发商平台；第二层涵盖中游众多内容资源整合商等等，他们作为整个价值链中的中间层，具有承上启下的作用。第三层是软硬件和通信服务运营商。

Polyzos 和 Constantiou 认为 3G 移动电子商务价值链应当有五个部分构成。这五个部分涵盖移动通信服务上，移动网络平台搭建，内容创造行业、金融服务体系以及终端服务商。

在 Carleen F. Maitlang 的心中，坚定地认为 2G 网络情况中的移动运营商是价值链的核心，2G 网络情况中的移动运营商也是价值链的基础。在这种环境下，移动运营商从来不给任何客户提供任何直接的帮助，他们只是简单地提供网络技术和移动本身的运营。但是，伴着 3G 业务的进步和飞越以及创新，移动电子商务价值链目前是朝向服务方面的不同化、特质化，市场方面的细致化前进。

Kuo YYUC 的研究资料表明移动电子商务价值链需要所有相关的行业与人员参与进来，可能由于相关性，不同的行业参与程度不一样，但主要的例如平台商，内容创造商，移动网络提供商都必须作为核心主导位置。

Pollsp 基于前人的基础上提出了更全面的价值链模型，包括价值倾向、价值成本驱动、客户价值标准、关键成功因素、关系管理、组织结构/管理、运作结构和管理等。

Franz Buellingen 从两个视觉角度解析了移动电子价值链的构成，这两个角度分别是功能价值链和体制价值链。

Stuart J. Barnes 全部都遵守移动商务价值链基本模型，组成成员主要是六个，表现领域主要是两个——基础设施和网络服务层以及内容层。内容层包括内容的创造，内容的包装，市场的创造。

（4）价值创造研究

国外已经展开了关于价值创造、寻找价值驱动因素的探讨。“股东价值之父”阿尔弗洛德·拉帕波特在其《创造股东价值》一书中将价值的驱动因素分成了三个层面价值决定因素、宏观价值驱动因素、微观价值驱动因素。

移动互联网时代，企业纷纷重塑商业模式实现转型升级或跨界发展，商业模式及商业模式创新，Teece（2010）、Amit&Zott（2012）、Casadesus - Masanell&Zhu（2013）等文献探讨了商业模式创新实现价值创造的原理。

Osterwalder 等（2005）强调，“顾客价值主张”的更新调整有利于企业创造价值、传递价值及获取价值。

Amit&Zott 界定了电商企业价值创造的四种模式后，通过案例研究的方法对价值创造与企业绩效的关系进行了研究，并为后续有关电商价值创造模式、商业模式与企业绩效、竞争优势关系的研究提供了理论基础。

Rapp 通过探究认识到企业的技术创新、管理创新、政府市场等外部驱动因素能产生4种价值能量的创造方式和方法，并能提升企业绩效。这是从企业内部的模式和变更量出发的。

基于已经提出的电商企业价值创造分析框架，Zott&Amit对电商企业的商业模式重新界定，提出了创新性和效率性两种商业模式设计，并通过收集190家欧洲和美洲的应用电子商务的初创企业为样本，就商业模式对企业绩效的影响进行了实证分析。

2. 国外信息生态领域文献计量分析

（1）论文来源及研究领域分布

从国外现有文献资料来看，并无完整的“商务网络信息生态链”这种说法，比较接近或相关的说法包括“信息生态”“信息生态系统”“网络信息生态”“电子商务信息生态”。本书以“information ecology”OR“information ecological”为检索式在web of science中进行标题检索，检索时间为2015年12月31日，共检索出371条相关文献，其中期刊论文数量为217篇，主要分布在环境科学生态学（Environment Science Ecology）、计算机科学（Computer Science）、情报科学图书馆学（Information Science Library Science）、商业经济学（Business Science）、工程学（Engineering）等研究领域，如下表1.7所示。

表1.7　论文研究领域分布

领域	论文数量	占比
Environmental Sciences Ecology	121	32.6%
Computer Science	62	16.7%
Information Science Library Science	40	10.8%
Business Economics	36	9.7%
Engineering	26	7.0%
Psychology	22	5.9%
Biodiversity Conservation	17	4.6%

续表

领域	论文数量	占比
Physical Geography	12	3.2%
Zoology	11	3.0%
Marine Freshwater biology	11	3.0%

（2）信息生态领域文献的国别分布

利用 CiteSpaceⅡ软件可以帮助我们得到关于信息生态论文的国别分布知识图谱。由图1.4和表1.8可以看出，美国共发表101篇，占总数的27.2%，是国际信息生态学术论文产量最高的国家；中国发文量39篇，占总数的10.5%；英国共发表28篇，占总数的7.5%；加拿大共发表23篇，占总数的6.2%；德国共发表18篇，占总数的4.9%；澳大利亚共发表论文14篇，占总数的3.8%；西班牙和荷兰发表论文数量相同，都是11篇，占总数的3.0%；日本发文量为10篇，占总数的2.7%；苏格兰发表论文7篇，占总数的1.9%。综上，美国是世界上信息生态研究水平最高的国家。第二名的中国近些年追赶势头也很强，中国首次在国际期刊上发表信息生态研究的论文是2008年，到2015年底发文量已经居于世界第二。这足以说明中国越来越重视信息生态的研究，在经济高速发展的背后，我们应该更加注重生态文明的建设。

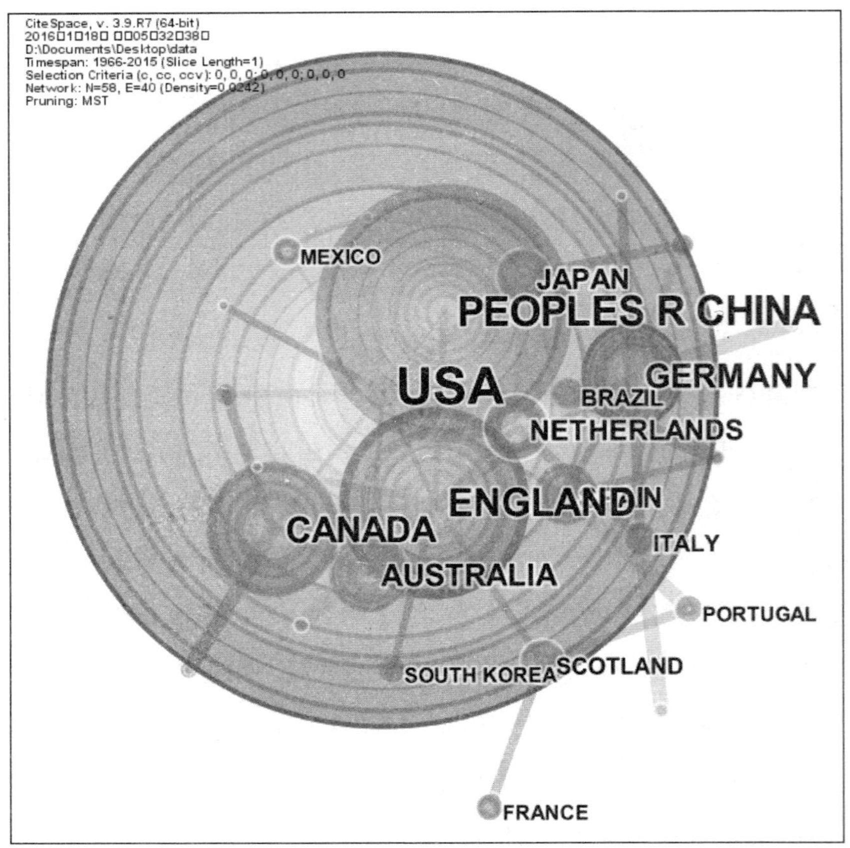

图 1.4　信息生态论文的国别分布

表 1.8　信息生态论文的国别分布表

名词	国家	发文量
1	USA	101
2	PEOPLE R CHINA	39
3	ENGLAND	28
4	CANADA	23
5	GERMANY	18
6	AUSTRALIA	14
7	SPAIN	11

续表

名词	国家	发文量
8	NETHERLAND	11
9	JAPAN	10
10	SCOTLAND	7

（3）信息生态领域的关键词分析

利用 CiteSpace Ⅱ 软件可以帮助我们得到关于信息生态研究热点的图谱。由下图 1.5 和表 1.9 所示。在所出现的关键词中并没有形成明显的聚类，其中出现频次最高的是“ecology”“evolution”“management”“model”等。这说明国外在信息生态领域的研究范围比较广泛，这一点是我们国外研究学者可以借鉴的地方，借此可以开拓我们的研究视野。

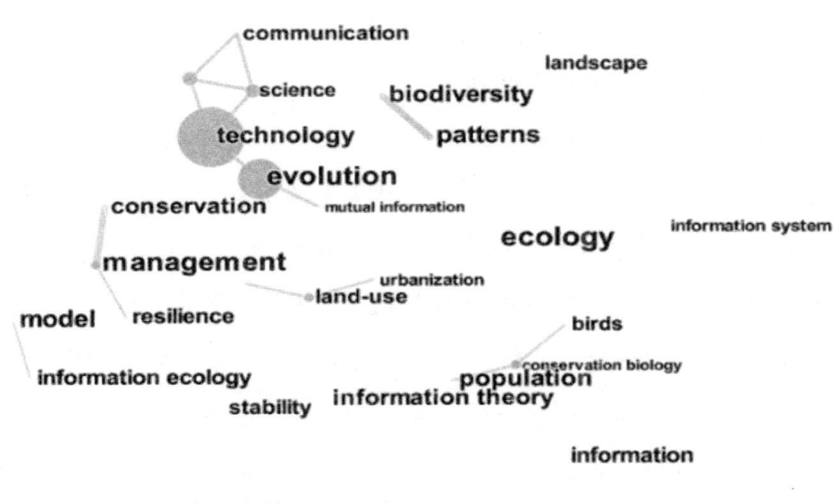

图 1.5 信息生态研究的关键词聚类图谱

表 1.9　信息生态研究的关键词统计

名词	关键词	频次
1	ecology	13
2	evolution	12
3	management	12
4	model	10
5	patterns	10
6	biodiversity	9
7	technology	9
8	population	9
9	information theory	8
10	conservation	8
11	information ecology	7

3. 国外信息生态领域研究的主要内容

（1）信息生态基本概念的形成

据国外学者 F. W. Horton 的不断研究和探讨，首次将“信息与自然生态”结合起来并提出详细的解释，将自然生态的概念引入信息领域当中，从多方面的角度和看法当中剖析两者之间的紧密关系。早在十九世纪末就有著名学者 K. Harris 发表过相同内容的报道，而这篇报道中的内容与精髓被其他学者 B. W. Hasenyager 和 T. H. Davenports 所采用，他们应用该方法分析了信息技术在开展协同业务以及信息、知识环境中的信息生态相关问题。B. A. Nardi 分析了信息生态方法中文化、社会和社会心理过程在应用中比技术过程更重要，并试图将此思想理念应用在复杂信息和文档系统的管理中。

R. Capurro 是另外一位从宏观系统角度提出信息生态概念的早期学者。他从宏观角度对上述问题进行了研究，并强调信息技术在发展的过程中受到国家政策、制度环境、文化和社会环境的影响。

随后的10年中，信息生态方面的研究在国外日渐丰富。众多学者运用信息生态理论分析了门户网站的演进；数字图书馆的发展；社会媒体的信息生态环境；电子政务的信息生态现象。随着信息技术的发展，信息生态理论也被用来分析新媒体博客和微博的信息生态现象。

（2）信息生态系统

美国学者 R. L. Walker 从演进计算的新技术和方法方面，基于信息生态系统构建了分层通信拓扑结构，以提高在分布式计算系统环境下信息检索的准确性。M. A. Perez－Quinone 等构建了一个基于 Web 环境下的满足不同设备需求的个人信息生态系统。英格兰学者 L. Moccozet 在 2009 年国际数字生态和技术大会上构建了一个以用户信息交流和通信技术为主体的个人教育信息生态环境的框架，称其为 PIE（personal information ecosystem），该系统可以传递培训课程的内容，同时可在 Web2.0 通讯环境下进行操作。

（3）网络信息生态

英国阿伯丁大学商学院的 S. Hannabuss 提出了基于数学分析和统计学理论的网络信息生态的构建模式。西班牙萨拉戈萨大学的 F. J. Garcia－Marco 提出运用网络信息生态的概念解决数字图书馆和信息服务的冲击和演变问题，他还阐述了信息生态的概念对数字图书馆和信息服务演进的影响，并分析了数字图书馆的演进及发展所受到的社会和经济的影响。

（4）电子商务信息生态

电子商务信息生态并没有特别多的概念及解析，但在不同的角度当中能得到更为全面的信息。

B. Detlor 在 T. H. Davenports 信息生态模型的基础上，结合典型案例，从信息政策、信息系统发展过程以及信息文化（包括信息共享、信息超载、接入、信息控制和态度）这三个方面研究了影响企业电子商务信息生态均衡的因素。E. Assadourian 通过对世界经济环境的分析，指出电子商务的发展离不开稳定的经济环境的支持，国家的经济环境是构成电子商务生态环境的成分之一。Zhu Ling 等采用全球“经济智能体电子商务就绪度排名”（E－readiness Ranking of the Economist Intelligence Unit）的二手数据，利用实证研究的方法对全球60 个国家层面的信息生态环境对电子商务的采纳和影响程度进行了分析。

不论国外与国内，电子商务信息生态的发展都是与那些研究者分不开的，他们的努力使我们前进，在电子商务信息生态的研究道路上，没有一定，只有更多未知的东西。

1.2.3 研究述评

通过对国内外文献的梳理发现各个领域的研究热点主要集中在以下两个方面：①在电子商务研究领域，国内学者的研究热点主要聚焦在供应链协同、价值链以及移动电子商务价值链三个方面，分别对电子商务供应链协同的影响因素、作用机理、运营策略、激励机制和信息流转进行了研究，并对电子商务价值链的内涵、结构、特征以及战略联盟展开了研究，同时也对移动电子商务价值网络的生态模型、运行机制、协同模式进行了分析，但对电子商务价值创造的相关研究较少。国外学者的研究热点主要集中在电子商务生态系统、供应链协同、移动电子商务价值链以及电子商务价值创造四个方面，从研究的具体内容上较国内学者的研究更加深入。②在信息生态研究领域，国内学者的研究热点主要集中在信息生态系统、信息生态环境、信息生态位、信息生态链、信息生态位、网络信息生态链以及商务网络信息生态链；国外的研究热点相对集中，主要包括信息生态系统、网络信息生态以及电子商务信息生态。相比国内外关于信息生态的相关研究，国内学者较国外学者的研究更加细致，理论研究更加深入。国外学者更偏重于定量分析，在实证方面做得比较多。

通过文献梳理发现各个领域的研究发展趋势主要集中在以下两个方面：①在电子商务领域，信息安全、个人隐私等问题是人们关注的重点，如何能够保障人民财产、隐私的安全将成为后续研究的热点话题和领域。②在信息生态领域，结合电子商务进行深入研究十分必要。通过前人的研究已经奠定了信息生态理论的基础，而且利用信息生态理论已经对商务网络信息生态链的相关概念、模型、功能结构、形成机理、演进规律等问题进行了深入分析，但对价值相关的研究还很少，所以作者认为这将是未来新的研究热点。研究价值问题一定要与实际企业相结合，这将为信息生态理论的应用研究找到突破点。

本书围绕商务网络信息生态链这个研究热点问题，运用理论与实证相结合的方法，对商务网络信息生态链价值的相关问题展开了分析和研究。作者试图通过本书的研究解决四个核心问题：①以商务网络信息生态链为基础，运用定性分析的方法研究其价值的基本内容和形成机理。②利用系统动力学理论，分析商务网络信息生态链价值创造过程中的影响因素。③运用实证分析的方法进行问卷调查，对影响因素进行修正，为后续的协同创造模型的构建进行铺垫。④结合协同理论、演化博弈理论，构建了商务网络信息生态链价值协同创造模型以及演化博弈模型，并提出相应博弈策略和建议。

1.3 研究内容和方法

1.3.1 研究内容

本书的研究内容主要包括以下五个方面，研究的思路与框架结构如图1.6所示。

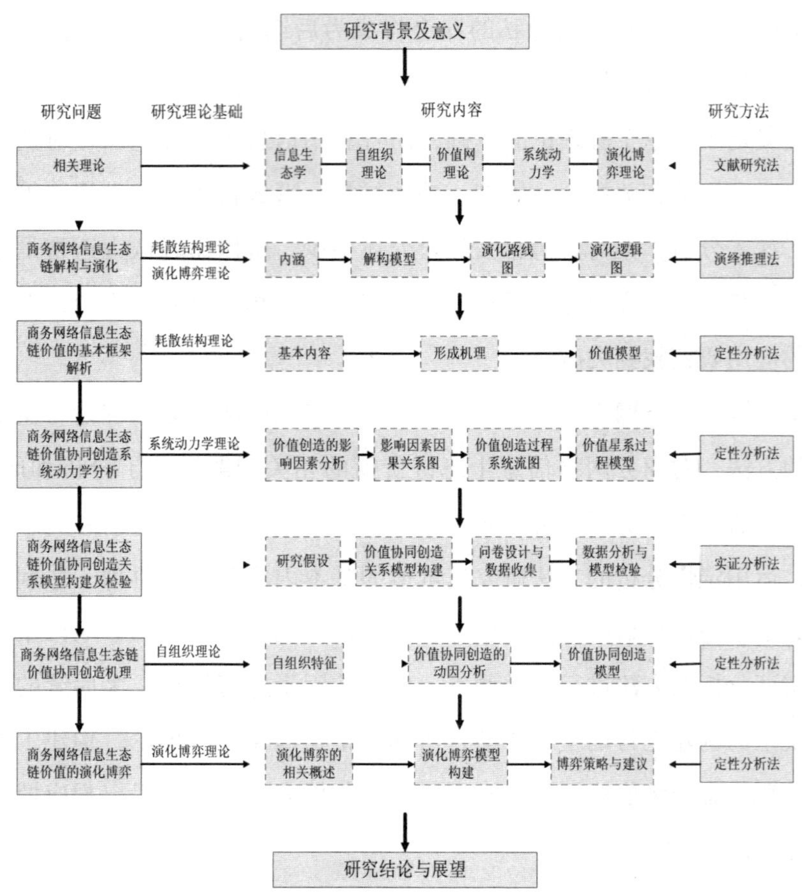

图 1.6　研究思路与框架结构

（1）商务网络信息生态链结构与演化

基于耗散结构理论和演化博弈的思想，分别构建了商务网络信息生态链的演化逻辑模型和演化模型，丰富商务网络信息生态链理论体系，并对商务网络信息生态链的发展趋势进行预测。根据商务网络信息生态链自身特点，对其作为耗散系统具有的条件、演化规律、演化机理进行分析；利用演化博弈理论，分析商务网络信息生态链各主体的竞争协作关系；结合信息势能的思想，阐述商务网络信息生态链的演化机理。经过研究发现，商务网络信息生态链的演化路线分为 5 个阶段，其在演化过程中，逐渐由无序变为有序，由不稳定变稳定，最终形成以某一节点为核心节点的商务网络信息生态链。

（2）商务网络信息生态链价值的基本框架解析

对商务网络信息生态链价值的相关概念进行了阐述，主要包括商务网络信息生态链价值的基本内容和商务网络信息生态链价值链的基本内容。接下来又对商务网络信息生态链价值的形成机理展开了研究，在商务网络信息生态系统的最初时期，它应是一个远离平衡态的非线性的开放系统，通过不断地与外界交换物质和能量，在系统内部某个参量的变化达到一定的阈值时，通过涨落，系统可能发生突变即非平衡相变，由原来的混沌无序状态转变为一种在时间上、空间上或功能上的有序状态。这种在远离平衡的非线性区形成的新的稳定的宏观有序结构，由于需要不断与外界交换物质或能量才能维持，因此被称为“耗散结构”。因此，在研究商务网络信息生态链价值是如何形成的过程中我们采用了耗散结构理论。

（3）商务网络信息生态链价值协同创造的系统动力学分析

利用系统动力学理论对商务网络信息生态链价值协同创造的影响因素进行分析，并构建了商务网络信息生态链价值创造影响因素因果关系图、系统流图和价值星系运行过程模型，据此又构建了商务网络信息生态链价值协同创造关系模型。在此基础上，通过实证分析的方法对模型进行了检验，并对关系模型进行了修正。

（4）商务网络信息生态链价值协同创造机理

对商务网络信息生态链价值协同创造机理进行了研究，商务网络信息生态链是在信息主体、信息资源、信息技术以及信息环境这四个构成要素彼此之间的相互联系、紧密结合以及相互影响、相互作用下形成的。根据系统论的观点，正是通过系统构成要素之间的这种互相联系、紧密结合、相互影响和相互作用，从而在系统的内部和外部之间形成了一种特定的结构和秩序，进而在系统与环境之间、系统与要素之间以及要素与环境之间形成了协同机制以实现系统资源的高效利用和有效配置。因此，本章利用自组织相关理论对商务网络信息生态链价值协同创造的动因、节点、序参量演化、框架模型及耦合作用关系进行了细致研究。

（5）商务网络信息生态链价值的演化博弈

基于演化博弈理论，以商务网络信息生态链上的两个任意节点为研究对象，针对商务网络信息生态链价值的演化博弈问题，论述了博弈的逻辑，厘清博弈类型，并建立了演化博弈模型。所提出的模型为商务网络信息生态链上的节点选择最佳的合作竞争策略提供了一种有效参考。最后在商务网络信息生态链中，对于节点如何分配到更大的价值收益应进行的博弈策略选择，提供了详细的策略建议。

1.3.2 研究方法

本书的研究将从信息生态理论的“信息理念”“系统理念”和“生态理念”出发，运用系统科学、信息生态学、演化博弈理论、价值链理论、协同创造理论等多门学科的理论与方法，研究商务网络信息生态链价值协同创造等理论问题。

（1）内容分析法

采用内容分析法对国内外已有的相关研究成果进行整理和挖掘，初步构建商务网络信息生态链、商务网络信息生态链价值的科学理论体系，并对商务网络信息生态链价值的价值链模型、形成机理、协同创造机理进行深入研究。

（2）跨学科、多角度的系统分析方法

商务网络信息生态链是一个复杂的自组织适应性系统，其价值的协同创造过程涉及信息人、信息资源、信息环境等多因素的综合作用，为此，本论文运用系统论、信息生态学、协同创造理论等相关理论和方法，采用跨学科、多角度的系统分析方法，为思想开拓和理论创新创造条件。

(3) 问卷调查与实证分析法

本书在研究中通过问卷调查方法，对影响商务网络信息生态链价值创造的协同要素进行了分析。通过理论分析，总结前人文献研究成果，从中发现组织协同、资源协同、战略协同、技术协同、制度协同 5 个因素影响着商务网络信息生态链价值协同创造，并针对 5 个因素设计了相应调查问题，并进行了发放问卷、回收问卷和统计分析的相关工作。然后，构建了商务网络信息生态链价值协同创造假设模型，运用 SPSS 数据分析软件对数据进行分析，从而确定各影响因素与商务网络信息生态链价值协同创造的相关性。最后，根据通过实证分析得到的结果，对模型进行了修正。

(4) 演绎推理法

演绎推理法是定性研究的主要方法。本书在国内外相关研究成果的基础上，首先对商务网络信息生态链的解构和演化进行了分析，然后又分别对商务网络信息生态链价值的形成机理和协同创造机理进行了研究，并最终构建了商务网络信息生态链价值模型。

(5) 定性与定量相结合

定性分析就是对研究对象进行“质”方面的分析。本书中主要通过定性分析的方法对商务网络信息生态链价值的基本内容进行了归纳、总结和提炼，构建了商务网络信息生态链价值模型以及价值协同创造模型等，揭示了商务网络信息生态链在价值创造过程中的内在特质和规律，该方法侧重于经验推断和逻辑推理。而定量分析是对研究对象的“量”方面的分析。通过数学建模、计算机模拟、数据分析软件等现代科学手段和方法来精确地描述研究对象所发生的规律变化。由于单纯的定量或者定性分析都有其局限性，因此必须将定量方法与定性方法有机结合起来，使之互相补充。

第 2 章

相关理论

2.1 信息生态相关理论

2.1.1 信息生态链

2007 年，学者韩刚和覃正首先在国内提出信息生态链的概念，同时他们还构建了信息生态链的理论框架，并结合其特点分析了管理的目标和方法。同年，娄策群教授和他的团队对信息生态链展开了进一步的研究，给出了信息生态链的概念，并对其本质和类型展开了研究。

1. 信息生态链的概念

信息生态链的概念是建立在信息生态学的研究基础上提出的，同时也结合了价值链理论。要对信息生态链进行定义，首先我们需要梳理一下信息链。在百度上找到的定义，信息链由事实，数据，信息，知识，情报五个环节构成。而信息生态链是存在于特定的信息生态中的、由多种要素构成的信息共享系统。信息生态链中包含了信息、信息人和信息环境这些构成信息生态的基本要素，是信息生态的集中体现。信息生态链是指以信息多样性为基础，以信息源为基本单元，以信息依赖关系为纽带，以信息传递为方式的结构网。

2. 信息生态链的基本特征

（1）整体布局优势。这条链上的主体结构能够随机应变，可以对这条链之外的对象带来的负面影响进行适应与变化，他们可以通过这种变换明确彼此的分工，并相互依存、协同发展。

（2）时序变动特征。信息生态链能够保持其内部的相对稳定状态得益于它能够随着时间的变化不断与外部环境实现共同进化。

（3）管理特征。区别于其他链式结构，它因自身的一些优质设计性质所决定，能够通过多种方式改善链中的缺陷。这条链的存在是为了在信息的传输与利用中来汲取利益，而我们可以通过对信息生态链的管理实现信息的完全共享。

2.1.2　商务网络信息生态链

1. 商务网络信息生态链的内涵

在商务网络环境下，商务网站以信息技术为支撑，围绕核心节点按照各自的功能及特点形成有序的链状或网络状结构，完成信息的协同和共享，同时信息的价值会随之得到增长，并带动企业利润的增大，这种结构我们就可以称之为商务网络信息生态链。

2. 商务网络信息生态链的特征

（1）整体性。商务网络信息生态链是由许多个商务网站构成的，形成的商务网络信息生态链具有复杂系统的特性，同时也具有基本的整体性。

（2）动态性。商务网络信息生态链是一条不停地发生交易的链，在这条链上供需信息在不断更新，资金在链条上流动，这也就赋予了商务网络信息生态链动态的特性。

（3）开放性。商务网络信息生态链对参与者是完全开放的，参与者可以将各种信息放在这个系统中，使用者可以依靠这个信息供给平台选择想要获取的信息。

（4）协同性。在商务网络信息生态链中，商务网站和商务网站之间并不是孤立存在的，他们保持着协同发展的特性，同时也保持着竞争关系。就是在这样协同竞争的状态下，商务网络信息生态链实现了价值的创造。

（5）共享性。商务网络信息生态链中信息的共享程度是非常高的，每一个链条上的节点都是信息的分享者，同时也是信息的共享者，这是一条信息交换非常频繁的链条。

（6）目的性。商务网络信息生态链上的个体都是有着明确的目标，那就是实现价值的最大化。所以节点商务网站都在不断追求利益的最大化，他们通过协同竞争、信息共享等方式，使系统不断完善，并不断完善整体功能。

（7）进化性。商务网络信息生态链为了适应不断变化的外部环境，通过自身结构的进化，不断满足节点的需求，所以商务网络信息生态链具有进化的特性。

2.2 自组织理论

自组织理论是耗散结构论、突变论、协同论、混沌论及超循环论的通称，是系统科学的基础理论。自组织理论始创于20世纪60年代末的新兴学科群，以最新的科学理论与方法对复杂系统的形成、演化与消亡的规律进行系统研究。处于某一外部环境中的物质系统，在一定的条件下，会自发地形成某种有序结构，形成有序结构的过程称为自组织过程，能出现自组织的系统通常称为自组织系统。科学研究者认为，自组织在一定的空间、时间或是某种结构上是不会受到外界干扰介入的系统。

2.2.1　耗散结构论

20 世纪 70 年代，比利时物理学家普利高津提出了耗散结构理论，该理论可以概括为：一个远离平衡态的非线性的开放系统通过不断地与外界交换物质和能量，在系统内部某个参量的变化达到一定的阈值时，通过涨落，系统可能发生突变，由原来的混沌无序状态转变为一种在时间上、空间上或功能上的有序状态。耗散结构主要讨论的是系统从混沌到有序转化的条件、规律以及演化机理。

耗散结构论普遍存在于自然当中，宏观上讲，人类社会变迁及各种社会活动是耗散系统，微观上讲，人类自身发展、活动也存在耗散理论。在国内，已有学者提出企业耗散系统的概念，任佩瑜曾将企业管理作为研究对象，创造性地提出管理嫡和管理耗散结构的概念，建立了管理嫡的计算模型，并得到了企业组织演化规律。各个商务网站相互链接组成商务网络信息生态系统，此系统的运转组成一个耗散系统，不但符合耗散结构论的演化、更满足其演化规律及演化机理。

1. 耗散系统的条件

耗散系统需要有四个基本的条件：开放性、非平衡态、非线性以及涨落。

（1）开放性。商务网站早在成立之初是作为单一个体与外界环境进行能量互换和信息互通的，并通过此方式将各单一网站相互连接形成商务网络信息生态链，它是一个开放的耗散系统。

（2）非平衡态。商务网络信息生态链会根据外界环境发生变化，如经济、政治、科技的变化而寻找更有利于自身发展的契机，此生态系统在出现危机时将处于非平衡态。

（3）非线性。商务网络信息生态链中个节点商务网站之间通过紧密而复杂的方式进行连接，这使得节点之间实现了相互制约以及相互促进的正反馈效应。而这种非线性状态使得其中的某一反馈回路在起作用的同时逐步凸显其效果，耗散结构的动力也就因此形成了。

（4）涨落。涨落大致可以分为由客户驱动引起的“内涨落”和战略决策导致的“外涨落”。当这两种涨落达到一定峰值时，商务网络信息生态链就会进化成为相比之前更有序和先进的状态，并能够影响系统不断稳步向前发展。

2. 耗散系统的演进机理

耗散系统是一个具有自组织能力的开放系统，系统的不平衡不稳定是自组织的首要条件，自组织演化的动力来自系统内部的竞争和协同的相互作用，因此，竞争与协同和不稳定机理是耗散系统的基本演进机理。

（1）竞争与协同机理，进化的动力是竞争与协同，不断的修正进化方向与旧理论斗争找到更有利于自身发展的角度。商务网络信息生态链上的个体就是在不断寻找方向的同时与其他个体竞争找到更适合自己的发展方向。

（2）不稳定机理，不稳定性是旧结构向新结构演进的媒介，新结构的出现要以原有结构失去稳定性为前提，非线性系统可能同时存在稳定和不稳定状态。

3. 耗散系统的演进规律

耗散系统在演进过程中具有规律性，结合商务网络信息生态链的特点，归纳出商务网络信息生态链的演化规律为：自发性、随机性、有限性。

（1）自发性。商务网站在市场环境中能不断自我调适，在追求自身利益最大化的同时，以求发展达到最优状态，这种行为是自发的。

（2）随机性。微观层面，商务网站独立运营，不受其他个体的影响和控制，具有一定自主的随机性。宏观层面，商务网络信息生态链的演化却表现出一定的整体有序性，这种自主随机性体现了商务网络信息生态链自组织的动态演化结果。

（3）有限性。一方面体现在，商务网站作为一个网络中的很小节点，不能充分的与其他网络节点相互建立联系。另一方面体现在，商务网站在商务网络信息生态系统中所起的作用很小，发挥能量有限，不保证每个决策都是正确有效的。

2.2.2 协同论

协同学是德国理论物理学家哈肯在 1969 年提出的。协同学研究由大量子系统组成的复杂系统，在系统宏观状态发生质的改变的转折点附近，支配系统协同作用的一般原理。与耗散结构理论一样，协同学也研究一个系统如何能够自发地产生一定的有序结构。1977 年，哈肯出版了《协同作用学导论》一书，创立了协同学。协同学是一门横断科学，它研究系统中子系统之间是怎样合作以产生宏观的空间结构、时间结构或功能结构的。它既处理确定过程又处理随机过程。协同学是一门专门研究系统演化普遍规律的科学，它研究由子系统构成的系统是如何通过协作从无序到有序的演化规律。协同思想有两个最基本的观点：①“协同效应”是核心概念，即“协同导致有序”；②“自组织”是协同思想的硬核。

协同学研究的是系统的自组织演化，以合作和竞争为基本概念阐释系统的自组织运动。协同学的研究对象都是巨系统，组分数目极多，规模巨大。如果它的组分各行其是，互不合作，甚至相互拆台，把资源和精力都花费在内耗上，它在整体上必定是无序的，不可能涌现出精妙的整体性质、模式、能力。相反，如果巨量组分相互合作，协同行动，互补互惠，就能够形成有序的整体结构，涌现出精妙的整体性质、模式、能力。哈肯把他的理论称为协同学，目的在于强调系统的有序运行起源于组分之间的协同行动。协同学强调合作，但并不轻视或否定组分之间的竞争。相反，协同学十分重视竞争在系统自组织运动中的作用。只要是系统，就包含不同的组分或子系统，有差异就有竞争。只要远离平衡态，系统内在的非线性因素就会被充分释放出来，产生各种集体运动模式。为争夺有限的资源，不同集体运动模式必定展开竞争，在竞争中反复发生分化、组合、选择、淘汰，有的模式得到加强，有的模式走向衰落，最终导致一个或少数几个模式获胜，系统便形成与之适应的宏观有序结构和运行模式。所以，哈肯反复强调协同学理论中包含“集体行为的竞争原则”，把自组织看成合作与竞争共同作用的结果。

协同学具有以下四个特征：

（1）相变

相变是物质从一种相转变为另一种相的过程。物质系统中物理性质和化学性质完全相同，与其他部分具有明显分界面的均匀部分称为相。与固、液、化学性质完气三态对应，物质有固相、液相、气相。一般的相变是子系统之间具有不同聚集状态的转变，是一种普遍存在的突变。系统的相变是突然发生地，是一种临界现象。标志相变出现的参量就是序参量。

（2）涨落

在系统处于有序状态时，其子系统还是有独立运动在进行的。子系统的独立运动以及它们之间产生的各种可能局部耦合，加上环境条件的随机波动，都反映在系统的宏观量的瞬时值会经常偏离其平均值而出现的起伏上。这种偏离平均值的起伏现象就叫涨落。在系统进入临界点时，子系统自发的独立运动与它们关联所形成的协同运动也进入均势阶段，在这个混乱无序的过渡阶段的初期，子系统间的各种可能的活动相当活跃，且这些局部耦合所形成的涨落由于系统的无序和混乱逐渐加剧。每个涨落都包含着一种宏观结构，很多涨落得不到其他大多数子系统的响应便表现为阻尼大而很快衰减下去，只有那个得到了大多数子系统很快响应的涨落，便由局部波及系统，得到放大，成为推动系统进入新的有序状态的巨涨落，这种涨落的内容就是出现临界无阻尼的序参量。

（3）不稳定性

对于任何一个系统，稳定性是一种保守因素或趋势，稳定性的破坏即不稳定性的出现则代表一种激进的、变革的、有时是破坏性的因素或趋势。从总体上看，两种因素或趋势对于系统的生存发展都是必需的，系统是这两种因素的某种适当的整合或平衡。但就系统的演化发展来看，不稳定性是一种非常积极的革命性因素。一种既存的结构框架或行为模式如果没有失去稳定性，新的框架或模式就无法建立。当一种陈旧的框架或模式已经变得不利于系统存续和发展时，就需要出现一种激进的、力图变革的力量，把系统推向失稳点，才可能创建有利于系统存续发展的新框架、新模式。这就是协同学第一个硬核——不稳定性原理的基本含义，哈肯称为“弃旧图新”。

（4）序参量原理和支配原理

任何系统的内部都有差异、矛盾、不平衡，巨型系统尤其如此。当系统远离临界点时，这种差异、矛盾、不平衡处于被压抑和被约束的状况，不可能对系统结构和行为产生重要影响。随着系统运动演化逼近临界点，这些差异、矛盾、不平衡就将被释放出来，一旦到达临界点，它们将被非线性地放大，迅速区分出快变量与慢变量。快变量临界阻尼大、衰减快，对系统的演化发展不起明显作用。慢变量一般只有一个或几个，表现出临界无阻尼的特征，在演化过程中从始至终都起作用，并且得到大多数子系统的响应，决定着系统演化的速度和过程。通过远离平衡态条件下激烈的相互作用，最终形成慢变量支配快变量的宏观格局。这就是支配原理。

一般把具有支配地位的慢变量称为序参量。序参量是宏观参量，是在组分之间合作与竞争基础上涌现出来的一种整体特性。序参量是命令参量，序参量一旦形成，就成为在系统中支配一切的力量，所有微观组分和其他集体运动模式都是按照它的“命令”行动。这就是序参量原理。

序参量原理和支配原理表明，协同学也是一种自组织与他组织相结合的系统理论。序参量是系统内部自组织地产生出来的，而它一旦产生出来就取得支配地位，成为系统内部的他组织者，去支配其他组分、子系统、模式，因而转化为一种他组织力量。

2.2.3 超循环论

作为自组织理论的重要组成部分之一，超循环理论（Hypercycle Theory）是由德国科学家曼弗里根·艾根（Manfred Eigen）于20世纪70年代从其对于生命起源的一个关键性问题——生物信息起源的开创性研究中提出的，专门用于研究非平衡态系统的自组织方式和演化规律。艾根认为，在生命现象中存在着许多在酶的催化作用下形成的各种各样的循环，这些循环分为不同的等级——基层的循环可以组成次高层次的循环，而次高层次的循环还可以组成更高层次的超循环；超循环系统就是把自复制或自催化单元经过循环联系连接起来所形成的系统，其中每一个复制单元不仅能够指导自己的复制，还能对下一个中间物的产生起到催化作用，于是通过系统内各个复制单元之间的相互作用使得超循环系统形成了自组织演化机理，进而使超循环系统向着更高层次的有序状态进化。

2.3 演化博弈理论

参照达尔文的进化论，演化博弈论将研究对象设定为参与人种群，并从有限理性出发，研究不同关系之间的相互影响作用。其中包括最简单的分类，如个体与个体的关系，个体与种群的关系，种群与种群的关系。但是因为物竞天择适者生存的绝对道理，使双方在竞争博弈之间不断地优化自己，充分发挥自己的优势，最终在竞争博弈的过程中不断进步。

在各种竞争系统之中，合作广泛的存在其中，达尔文依旧认为，即使合作已成为生物种群中一种必不可少的生存方式，但也是以维护保全自己的利益为前提的。站在经典博弈的角度上分析，合作是不可能被认可的，它代表着一种被动的软弱的态度，在实际博弈过程中不被采用。然而根据理性可行性的演化博弈理论的分析，合作又重新被灌输了新的意义。Nowak 曾将合作在多年的历史发展中进化的表现分为五类：亲缘选择、直接互惠、间接互惠、网络互惠、群组选择。

在商务网络信息生态系统当中普遍存在竞争与合作，各商务网站为了可以生存和更好的发展通过与外界不断的合作、竞争，打破自身平衡状态，达到更高的水平。由于个体层次和吸收能力不同，很难在一次博弈中达到理想效果，因此，在商务网络信息生态链运行的过程中会始终存在无序 - 有序交替的博弈状态。

博弈对信息生态链带来的改变可大可小，也许是微不足道的量变，也许是天翻地覆的质变。这两种变化将商务网络信息生态链的演变分为突变式进化和渐变式进化。从字面上我们就很容易了解到，突变式进化，是指商务网络信息生态链发生了意想不到的大变化，而这仅仅是在很短的时间内发生的。渐变式进化则恰恰相反，它的变化过程十分缓慢，且适应性非常强，不会产生巨大的变动。

2.4　价值网相关理论

2.4.1　价值网基本内容

Adrian Slywotzky 在 Merce 顾问公司工作期间，对于现如今社会互联网的高速发展所产生的巨大影响做出了详细的分析。其明确指出，互联网促进了现代人民的生活水平，同时也间接使得人们对于更高质量生活有着强烈追求，这从而又进一步促进了互联网的快速发展。企业为了适应市场的强烈竞争和顾客的需求，重新认识互联网的重要性，逐步改革企业从价值链到价值网的发展方向。这在《利润区》一文中有提到。这是价值网概念的首次被提出。后来经过时代的变迁和更加深入的研究，美国学者大卫·波维特写下作品《价值网》，这本书中对于价值网的概念有了新的解释，在他的理解中，由于顾客日益提高的苛刻需求，现如今市场需要灵活、效率、低成本的制造企业，而为了避免传统销售产生的高昂销售费用，则需要现代的物流配送技术对产品进行分销。企业需要重新认识到经营管理的重要性，并对销售渠道以及市场需求进行进一步的探索，才能不被时代所淘汰。

截至目前价值网都没有一个很明确的定义，属于不断摸索的状态。David Bovet 提出，当今社会是一个发展极其快速的社会，数字化成为了一种发展前沿，然而传统效率慢的供应方式已经开始显露出劣势，越来越无法适应新时代的快捷脚步，满足不了强大的市场需求。价值网作为一种代表着数字化的业务模式，可以加快产品的供应速度，获得最大化的经济收益。Philip P. Andrews 则提出，信息技术将可以拉近企业和客户的紧密联系，价值网则代表了一种采用网络技术手段的新型企业。

通过对上文所提到的观点进行最后的总结，本书对价值网的发展及相关联系进行阐述，得出顾客是一切发展的核心，采用信息技术和全新供应模式相结合的方式，作为接下来企业改革和发展的最新方向。这种方式不仅加快了产业发展的脚步，还获得了最大可能性的经济利益。价值网不是单一的，它需要整个企业所有员工的相互配合，网络信息技术所提供的联系帮助，在公司运行的过程中构成独有的价值链，形成一个全新的创新价值模式。

2.4.2 价值星系

1993 年，查德·诺曼和拉斐尔·拉米雷兹提出了价值星系的概念模型，他们是最早提出这个概念的人。价值星系的核心观点源自SMG咨询公司1986年开始的一个研究项目。这个研究项目主要是通过对欧洲20个国际型企业进行详细的调研，试图挖掘出优秀企业的核心经营逻辑。

经过总结，理查德·诺曼和拉斐尔·拉米雷的核心观点包括：

（1）战略是创造价值的艺术

现如今，企业战略目标在企业的发展中起到一个非常重要的作用。战略不仅可以提高员工自身价值的实现高度，还能为企业整理出先进的管理理念，从而促进企业的进一步发展。当然战略也可作为一种纽带，将顾客与企业紧紧联系在一起，实现互惠互利的最终目的。只要企业可以把握好机会，随时紧跟改革的潮流，便可获得美好的有利前景。

（2）当今社会的经济发展已不再适合传统的产业链理论

当今社会，竞争趋势愈演愈烈，究其原因是互联网的飞速发展使得经济转型发展。传统的产业链分为上游和下游，上游一般负责提供商品，将商品进行加工，使其价值提高后再输送到下游企业，下游企业主要是负责商品的分销。在工业经济时期，产业链的特点是单向、线性、连续，整个产业链类似于一条流水线，价值正是在这条流水线形成的。

就现在的发展形势来看，以往传统的产业链已经不符合目前的发展趋势，主要表现为战略观念和价值观的落后。首先，现在的消费者关注的重点是商品是否具有完善的售后服务，而不再是像以往一样关注商品的生产环节，只有当消费者对其售后服务满意时，才会进行消费。其次，伴随着社会经济的进步，企业应该不断进行创新，比如说：电视机在80年代生活是生活优渥的象征，而在90年代，计算机已经非常常见，现代技术的发展速度已经远远超过我们的想象，这都离不开创新的力量。由于创新的存在，企业能够更加集中、方便地创造价值，从而使价值成为了一种可复合、叠加的结构，一种星系的形态，这和以往的线性结构大不相同。

(3) 以价值创造系统为中心设计新的发展战略

就现在来看，单一的价值创造方式显然不能满足企业的发展需求，更多的企业参与到延长产业链、增加附加值的行列，比如说：航空公司也参与到商品销售的环节，手机制造也成为了电视机制造企业的经营范围，在此过程中，这些企业又重新塑造新的价值。他们以先前的品牌形象为基础，不断开拓新业务，以此提高了企业的经济效益，实现企业的发展，也就是说，借助原有的发展平台，投入一个发展潜力更好的领域。

由于企业对其战略目标的重新定位，使其服务对象不断扩大，使消费者对企业的依赖性大大增加，就现在来看，企业为了培养忠实的客户，不断发现消费者新的需求，也不再是以往只满足其某方面的需求。

所以，形成价值星系是进行战略分析的着重点，企业的目标应该是在整合其所拥有资源的基础上，调整原有的供需结构，转变发展战略，由以往竞争关系发展为共同合作的发展战略关系，不断扩大自身的队伍，增加创新能力，使企业有能力开发出更加灵活、智能的产品，不断完善和巩固此价值星系，增强企业的竞争力，在满足客户需求的基础上，实现企业的发展。

2.5 系统动力学理论

2.5.1 系统动力学内涵

系统动力学（system dynamics，SD）是系统科学理论与计算机仿真紧密结合、研究系统反馈结构与行为的一门学科，也是一门认识和解决系统问题综合性的新学科。作为系统科学和管理科学的一个重要分支，系统动力学在系统结构、信息传递以及自动控制这些知识的基础上结合了系统论、控制论、计算机模拟技术、管理科学及决策轮等学科知识，可以很好地将自然科学和社会科学等领域融入进来。

许多在现实生活中遇到的实际问题，我们都可以从系统动力学理论中寻找有效的解决方法。从系统方法论来说，系统动力学是通过把信息反馈的控制原理与因果关系的逻辑分析结合起来，研究信息反馈系统动态行为的计算机仿真方法。我们可以从微观角度进行分析，依据系统动力学理论，在此基础上建立系统的仿真模型，计算机仿真分析模型中存在的问题，尽可能用宏观的表现形式进行表达，用以解决生活中复杂的实际问题。目前，在各个领域都有系统动力学理论的存在，这足以说明此理论的应用十分广泛。

2.5.2 系统动力学的特点

系统动力学在数十年的发展中不断丰富自身的理论基础与方法，结合创立之初就具备的独特性质，能够对社会复杂经济系统问题的研究和处理提供理论依据。在目前的学术界，学者对系统动力学所具有的基本原则和系统观用系统思考这一词进行描述，越来越多的学者认同系统动力学自身的特点，通过一系列的总结和分析，发现系统动力学的特点如下所示：

（1）具有较广的适用范围，能够从多角度入手进行研究。无论是经济问题、社会问题，还是生态环境问题都可能成为系统动力学理论的研究问题，不仅如此，单一变量和多变量、线性和非线性、简单和复杂的问题都可能成为其研究范围，在多数情况下，从微观和宏观两个角度入手进行研究。

（2）系统自身的行为和特性与内部的结构和机制之间密切的关系一直是系统动力学强调的重点。具体可以理解为系统的特点能够对反馈机制产生较大的影响，即系统行为模式能够对其内部动态结构产生影响。

（3）在研究问题的过程中，系统动力学将定性分析和定量分析相结合，具有非常严密的系统思考过程。在解决实际问题的过程中，为了实现复杂问题简单化的目标，系统动力学往往选择简单的方法。所以，在解决问题的过程中应用系统动力学，能够简化问题，便于理解。

（4）具有科学、系统的动力学模型。在解决社会经济问题的过程中，应用系统动力学，便于问题的处理，以变量自身的基本结构为依据，对其进行分类，这一过程被称作实际系统的实验室。

（5）系统动力学通过将多种元素进行结合来建立模型，依据已收集的数据和资源，在原有知识和经验的基础上，挖掘更为深层次的信息和理论知识，并将其运用到实践中。

2.5.3 系统动力学建模原则

系统动力学建模原则如下：

（1）全局性原则

首先我们应该了解系统分析的原则，在此基础上，进行建模并解决实际问题。系统动力学理论的出发点始终是整体和全局，通过分析各个组成变量以及其存在的相互关系，进行问题的解决。系统动力学理论是各个理论的集合体，是从宏观角度出发，对个体之间存在的关系进行研究。

（2）相关性原则

通过建立各因素之间的相关关系模型，我们既可以找到各因素之间的关系，进而用系统动力学理论来研究找到的这种关系，也可以利用这种关系来验证模型的科学性。

（3）重点性原则

由于我们在利用系统动力学理论研究实际问题的时候，需要将各个影响因素分别构建成模型，而这些实际问题往往都是内部环境以及各影响因素都十分复杂的大系统，这就需要我们不断总结、凝练，形成典型的模型，解决与此类似的问题，从而体现出建模的重点性原则。

（4）一致性原则

在模型中，有很多的常量、变量和影响因素，前两者都应该代表实际因素，因此，他们在模型中的概念和数量，甚至在每个变量或常量的计量单位方面都应该与现实问题中的影响因素保持一致。

2.6　本章小结

本章主要梳理了信息生态、自组织、演化博弈、价值网和系统动力学理论的相关概念。首先，介绍了信息生态理论的相关内容，包括信息生态链和商务网络信息生态链的概念和基本特征；然后，对自组织理论、演化博弈理论和价值网理论进行了梳理和分析；最后，阐释了系统动力学的内涵、特点和建模原则。

本章研究工作和结论：

（1）梳理了信息生态、自组织、演化博弈、价值网和系统动力学理论的基本概念、特点等内容，通过以上的分析奠定了本书的理论基础。

（2）利用自组织理论、演化博弈理论、价值网理论和系统动力学理论为商务网络信息生态链价值的研究提供了新的视角。

第 3 章

商务网络信息生态链解构与演化

3.1 商务网络信息生态链解构

3.1.1 商务网络信息生态链的内涵

商务网络信息生态链的内涵表述为：在商务网络环境下，为确保可用的商务网络信息能够高效、高速的传递，商务网站以信息技术为支撑，围绕核心节点按照各自的功能及特点形成有序的链状或网络状结构，完成信息共享与协同，获取信息价值增益的同时实现企业利润最大化，这种结构即为商务网络信息生态链。商务网络信息生态链主要包括四个部分即：信息、信息环境、信息技术、信息主体。在商务网络信息生态链中，商务网站既是商务网络信息生态链中的信息主体，同时又是商务网络信息生态链中的信息生产者、序化者、传递着、消费者、分解者。

3.1.2 商务网络信息生态链的结构模型

为使商务网络信息生态链能够长久、高效地运转，完善的物流、信息流、资金流必不可少，信息技术则是保证其高速流转的基础。除此以外，商务网络信息生态链的发展也同样受到内外环境的影响，如国家宏观调控政策的影响等。

商务网络信息生态链中，商务网站是构成其主干的节点，商务网站的发展状况直接关系到商务网络信息生态链的整体运营能力。

虽然每个商务网站的经营项目各有侧重，但是任何商务网站均具有共同的目标，即实现价值、效益、效率的最大化，这也是商务网站与其他网站合作的根本原因。在商务网络信息生态链中，由于商务网站之间可以自由选择联结对象，因此，形成的商务网络信息生态链也有多种形态，同一个商务网站可能存在于不同的商务网络信息生态链中，并且在不同链体结构中扮演着不同的角色，在某种程度上说，商务网站之间既是合作对象，另一方面也是竞争对手。出于不同的立场，商务网站之间不可避免地会发生冲突与竞争，不断促进着商务网站之间的博弈，使得商务网络信息生态链时刻保持着紧张和紧密度，进而有利于商务网络信息生态链处于动态发展中，不断保持发展活力。

为了更加清晰的阐述商务网络信息生态链中商务网站所扮演的角色，本书从形态多样、复杂的商务网络信息生态链中抽取一条进行剖析，并构建了商务网络信息生态链结构模型，如图 3.1 所示。

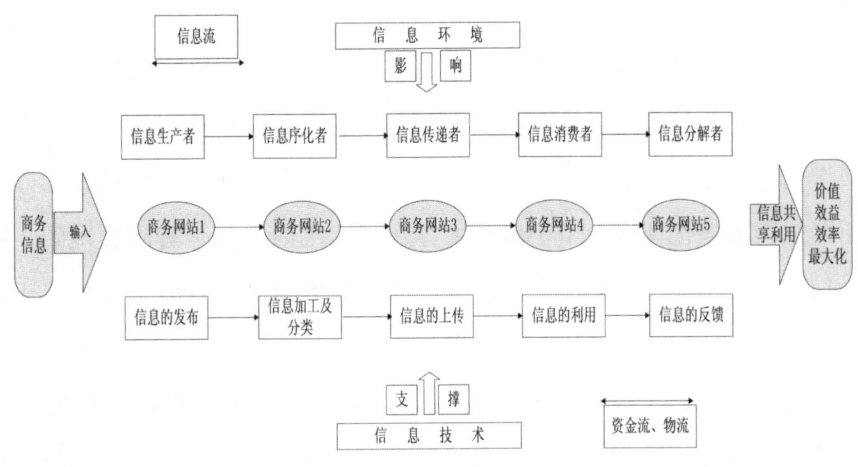

图 3.1　商务网络信息生态链结构模型

商务网络信息生态链在不断的发展过程中不断进行演化，为了更好地剖析其演化过程，对商务网络信息生态链的演化路线的分析是十分必要的。

3.2 商务网络信息生态链演化路线

3.2.1 商务网络信息生态链演化路线图

唯物辩证法认为，物质是运动着的物质，世间万物都是在不断运动和发展着的，且发展的路径不是直线上升，而是呈螺旋式盘旋上升。

这一点在信息的发展演化过程中也得到了淋漓尽致的诠释。Cooley 通过综合各方面的分析提出了信息发展的五结点模型即：①数据；②信息；③知识；④智慧；⑤正向行为。而信息资源是商务网络信息生态链中的构成要素，在信息资源不断发展的同时，商务网络信息生态链也在经历着这种演化过程。

商务网站的最终目标是实现价值的最大化，信息主体在实现这一目标中起着至关重要的作用，为了获取更多的信息资源，信息主体与信息主体间或者信息主体与外界环境间需要不断进行着物质与能量的交换，主体间也不断进行着演化博弈，由于信息主体在现实生活中都是有限理性的，因此，博弈也并不能一次就完成，这就造成了商务网络信息生态链的演化是曲折向前的。

理论基础决定了商务网络信息生态链的演化方向，根据演化博弈理论、耗散系统理论和五个节点模型可以将商务网络信息生态链的宏观演化过程分为五个阶段，分别为：孤立的商务网站、数据的简单交换、商务网络信息链、商务网络信息生态链、商务网络知识生态链。

（1）孤立的商务网站阶段

传统经济学中，竞争与合作是两个相反的概念，竞争是利己，合作是利他，但随着市场的不断完善，竞争的内涵和形式也发生了变化，从对抗竞争到宽容竞争，再到合作竞争。商务网络发展之初，商务网站之间都存在对抗竞争的观念，由此，各网站各自运营，信息共享极少。

（2）数据的简单交换

随着时间推移，宽容竞争的观念逐步引入，商务网站之间开始进行了数据的简单交换。

（3）商务网络信息链

由于信息主体的能动性和利益最大化的目标，商务网站为了获得更多的信息资源，所以逐渐形成了商务网络信息链，信息链将不同信息主体所具有的信息资源连接起来，用以共享。

（4）商务网络信息生态链

在实现信息资源共享和利用的过程中，商务网站之间以及与外界环境之间不断进行博弈，使得信息链中的信息资源转变成生态信息资源，商务网络信息链演化为商务网络信息生态链，进而实现信息的合作和共享。

（5）商务网络知识生态链

商务网络信息生态链演化过程中信息的演化，符合五节点模型，商务网络信息生态链中生态信息的演化方向即为知识，信息资源的演化带动信息生态链的演化，所以，我们可以预想商务网络信息生态链的下一步演化趋势应为商务网络知识生态链。知识生态链中流转的知识，较商务网络信息生态链中的生态信息，在传播质量和价值上都将更高，如图 3.2 所示，即为商务网络信息生态链的具体演化过程。

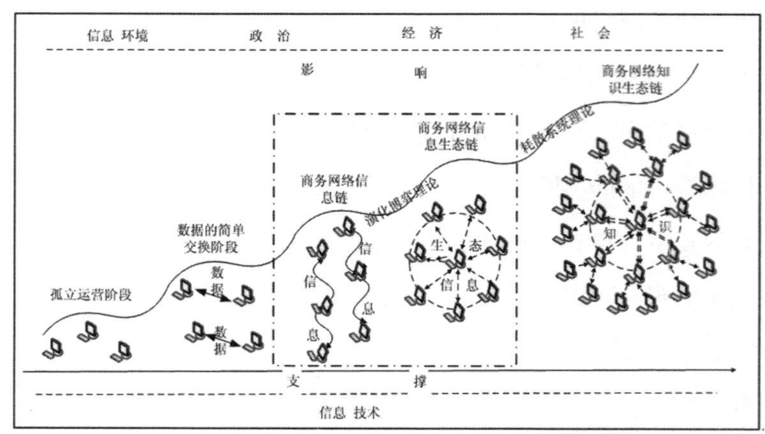

图 3.2 商务网络信息生态链演化路线图

演化不是一蹴而就的，演化中存在突变式演化，造成了不同阶段的质变，同时也存在渐进式演化，带来的是某一阶段中的量变。本书主要研究的是从商务网络信息链即商务网络信息生态链初级阶段到商务网络信息生态链高级阶段这一渐进的演化过程。

3.2.2 商务网络信息生态链的初级阶段

商务网络信息生态链初始阶段是商务网络信息链和商务网络信息生态链的过渡，它既存在着商务网络信息链的特征，又有向着商务网络信息生态链改变的趋势。

此时的商务网站认识到了结盟是利大于弊的选择，首先能够更好地服务于顾客，其次更有利于实现自身的价值。也可以理解为各大商务网站因为有利所以聚集在一起，因而其所形成的商务网络信息生态链即具有如下特点：第一随机性；第二不稳定性；第三具有不规律性。在这个阶段中，商务网站是否与其他信息主体相连，相连的广度、长度如何都是结合自身的需要而选择的，因此商务网络信息生态链具有随机的特点。另外，由于商务网络始终处于运动的、混乱的、无序的状态，即意味着结构具有不稳定性。结合系统层次原理，一般认为可将商务网络信息生态链分为以下三种形式：一对一模式；一对多模式；多对一模式。

（1）一对一模式：即生态链中的某一环的上、下游节点，形成直接的供应信息的关系。从起始点到末尾点，通过有秩序的排列即形成一对一模式。这一模式在不同企业搜集同一类信息中得到了广泛的应用，其具有管理方便，规范等优势。

（2）一对多链接模式：即在某一链环之上，上游节点结合信息为下游各个节点分配信息需求。这一模式在传递、扩散信息的过程中主要以分包、强带弱的方式进行。其优点体现在强化竞争力，减少运营成本。

（3）多对一模式：顾名思义指的就是多个上游节点同时为一个下游节点传递信息。通常情况下，商务网站为了拥有更广泛的发展空间，大多会根据自愿共享信息这一原则，寻求合适的合作者，从而创造更大的利益、价值。如图3.3所示，即为商务网络信息生态链初级阶段结构模型。

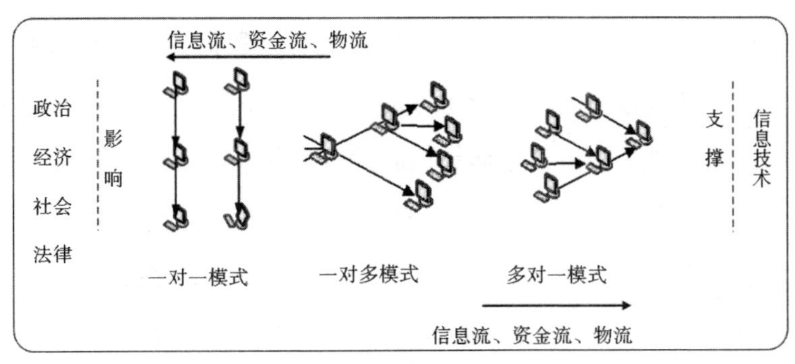

图3.3　商务网络信息生态链初级阶段结构模型

商务网络信息生态链是一个动态开放的耗散系统，就系统本身而言，会不断演化发展。对于商务网站而言，更会为了获取价值进行博弈，尽量获取更多信息资源，以求保持有利地位。相互博弈的结果是导致各网站的实际运营能力有差别，实际运营能力的强弱代表着商务网站所具有的信息势能高低，信息势能差的存在是商务网络信息生态链信息流动的原生动力，且流动过程中存在“能量逆流”。信息的流动进而带动着商务网络信息生态链的流动。商务网络信息生态链强调的是信息的“高效”“高速”，因此，商务网络信息生态链中的信息所具有的势能、动能也都有所提高，使得商务网络信息生态链也会朝着更高级的方向发展。

3.2.3 商务网络信息生态链的高级阶段

在和其他商务网联结的同时，商务网站的信息实现了信息的横向传递和纵向流动。商务网站之间的联结方式多种多样，信息主体间连结的过程同样也是相互博弈的过程，博弈的结果就是会导致一部分信息主体的信息势能变高，另一部分信息主体的信息势能变低，在不断地博弈过程中，使得某一个信息主体的信息势能最高，成为了商务网络信息生态链的核心节点，对商务网络信息生态链的影响力最大。信息主体的信息势能高主要体现在两个方面：第一拥有更多的信息量；第二信息具有更高的信息质量。而信息量小的主体在这一过程中会逐渐被拥有大量信息的主体所吸引，并形成一个信息共享域。此外，当主体的信息质较高时，就会自主地往周边传播信息，即形成一个以该主体为核心的信息共享域。

商务网络信息生态链首先是一个信息流转链，其次是信息增值链，通过这一个链条有利于强化信息价值，促进信息流转，从而为整个网站的发展保驾护航。如图 3.4 所示，即为商务网络信息生态链在演化后的结构模型。

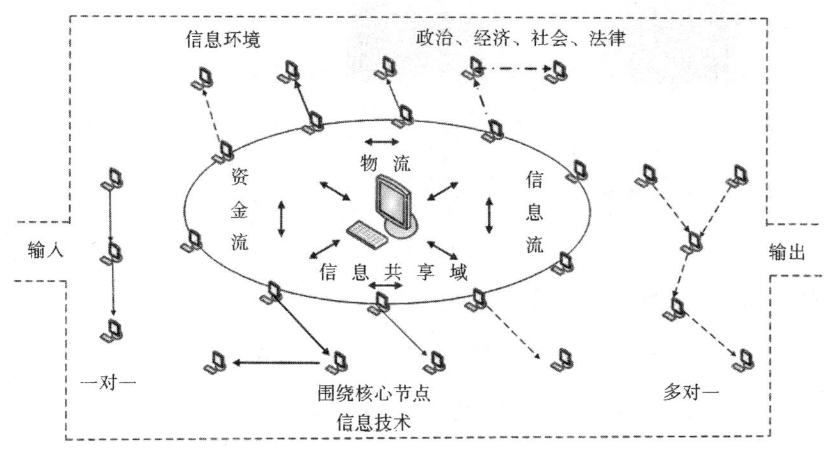

图 3.4 商务网络信息生态链结构模型

演化，从本质上说就是一个优化的过程，换言之在这一个过程中，其功能、结构也必然会发生变化，所具有的优势如下：

（1）链体结构更加完善

此时的商务网络信息生态链已经形成了一个有选择性的，以某一个节点为核心的信息共享域。在这个信息共享域中，信息主体之间可以实现信息的共享、利用，并最终创造出价值。

（2）信息生态性更高

在信息资源的流转过程中信息主体实现价值增值，信息资源的生态性主要体现在：真实性、冗余性两大方面。生态信息在整个生态链之中还具有更强的生态性、高势能等特点，信息资源质量的提高不仅能带来更大价值，更有利于商务网络信息生态链的长远发展。

（3）为演化奠定基础

商务网络信息生态链中信息质量更高、价值更大，有了这些重大改变作为演化的前提，在商务网络信息生态链的下一步演进中，也许会如我们预期，演进到知识生态链，链体中流转的将是比生态信息更具价值的知识资源，具有更高质量、流转效率更高。

在分析研究信息生态链的演化过程中，首先要分析其具体的演化方向、趋势，其次要对比分析演化前后，结构、功能等方面的变化，除此之外，更要分析其演化逻辑，最终明确演化根源。

3.2.4 商务网络信息生态链平衡的类别

结合生态学观点认为，如果生成组织拥有越复杂的组织结构，即意味着其具有越好的平衡性。简而言之，复杂、多样的食物链更有利于保持生态系统的稳定性，当然，其中如果出现部分生态系统紊乱的情况，那么也可结合自身能力纠正。相反的，如果说整个生态链中，结构相对简单，只有单一的物种，那么即意味着此生态链的自动修复能力差，实现长足的稳定比较困难。

要确保信息生态链的和谐稳定，首先必须满足一个基本条件，即动态平衡。与此同时，信息生态链的平衡状态还与多方面的因素有关，换言之，其维持、恢复、调节平衡的方式和调节类型也是一个动态的，不断发展的过程，其中存在程度的差异。

根据平衡的规律以及商务网络信息生态链的自组织特性，可知商务网络信息生态链在处于平衡态时，在受到内外环境的影响下，能够通过自身调节维持稳态，形成内在平衡和外力平衡。当处于非平衡态时，可以依靠系统自身的适应、演化能力使商务网络信息生态链还原平衡和演化平衡。

因此，当商务网络信息生态链处于平衡态时，主要存在的是内力平衡和外力平衡，当其处于非平衡态时，主要存在的时还原平衡与演化平衡。

（1）平衡态时

就平衡范围而言，可将信息生态链动态平衡分为整体平衡和局部平衡。从本质上说任何商务网络信息生态链都会经历从局部平衡到整体平衡的过度，从失衡到平衡稳定发展，越趋近于整体平衡，即平衡的范围越大，演化博弈关系越稳定。相反，局部平衡的范围缩小则会使得演化博弈关系稳定性降低，最终破裂。

演化博弈关系及其稳定性与平衡范围大小有着直接的关系。结合动态平衡来源，具体可将信息生态链分为内外力平衡两大部分。所谓内力平衡顾名思义指的就是通过自身的机能而获得的平衡，而外力平衡则刚好相反，即在自身内力无法满足平衡的状态下，要维持链条的平衡，就必须依靠外部力量。

商务网络信息生态链中避不免的存在各种虚假信息，针对这一问题就必须充分结合链条的自我监管监督以及外部的相关监管。而置身于环境瞬息万变的商务网络之中，显然相较于内力平衡，外部环境能够发挥着更大的作用，更有利于实现平衡。因此内力平衡的商务网络信息生态链的演化博弈关系更加稳定，它完全可以通过自身的调节实现稳定，而不依靠极不稳定的外部环境。相反，外力平衡受外界环境影响较大，商务网络信息生态链的演化博弈关系会显得不稳定。

（2）非平衡态时

结合平衡状态，可将失衡后的商务网络信息生态链平衡分为两种：还原平衡和演化平衡。前者指的是通过自身调节而回到原来的平衡状态，演化平衡顾名思义指的就是通过演化形成新的状态。在逐渐演化的过程中，相较于还原平衡而言显然演化平衡更有利于形成稳定的、强大的博弈，具有更强的环境适应性，换言之也就是说在环境的变化下，其整个演化博弈过程显得相对较为稳定。

本章主要对商务网络信息生态链中发生的演化平衡进行深入分析，并对其主体之间的博弈进行了剖析。探讨商务网络信息生态链的演化，既要分析商务网络信息生态链的演化趋势、结构状态，也要通过分析演化逻辑找到演化根源。

3.3 商务网络信息生态链演化逻辑

3.3.1 商务网络信息生态链的演化博弈类型

在商务网络信息生态链中，各主体为了适应不断变化着的外部环境和链体结构，不仅要对自身进行调节实现自己的演化，同时也要与链上其他主题进行博弈，找到能够实现共赢的发展状态。因此，商务网络信息生态链之间除了相互竞争之外，更多的是一种博弈关系。因此，对商务网络信息生态链主体之间的博弈类型分析可以从主体之间存在的博弈关系入手。

根据博弈主体是否处于同一生态链可将商务网络信息生态链演化博弈分为链内演化博弈与链间演化博弈。商务网络信息生态链主体之间存在着链内博弈和链间博弈，在链内博弈中根据其主体是否处于同一级，又可以将其划分为同级节点间的演化博弈和上下级节点间的演化博弈。链间的演化博弈，根据各链所具有的资源、地位等的不同，以及某些链条是否能对其他链条产生强制性的影响，又可以将其分为对称性链间演化博弈和非对称性链间演化博弈。

1. 链内同级节点间的博弈

在信息生态链之中链内同级节点是普遍存在演化博弈的。同级节点的博弈更多地体现在共同的利益诉求。在整个信息生态链中，各个节点之间处于一个不断博弈、作用的过程。

商务网站中供应商节点之间的博弈行为主要体现在对产品的信息资源争夺、新产品市场占有率竞争等方面；商务网络信息生态链内的服务节点之间的博弈行为主要表现在该条商务网络信息生态链上的信息平台、支付平台与物流平台间的分工。

2. 链内上下级节点间博弈

在商务网络信息生态链概念界定时，将信息主体分为信息生产者、信息序化者、信息传递者、信息消费者、信息分解者。这种划分是根据信息主体在信息共享中扮演的角色进行的。根据其业务的不同，链中的商务网站扮演着供应商、服务商等角色。无论这些主体是以哪种角色存在，都离不开相互之间的博弈。

商务网络信息生态链中的供应商节点与商务网站服务商节点间的博弈表现在，供应商为了推销自己的产品，会主动寻找可靠的服务商节点来发布信息，借助服务商的平台来推广和销售，同时需要向服务商缴纳一部分费用。而服务商节点为了使自身网站的信息质量提高，通常会挑选有信誉保障、有实力的供应商节点，这样才会使其自身平台的影响力和盈利能力得到提高。这个相互选择的过程既是合作的过程，也是链内上下级节点间的相互博弈的过程。

3. 链间对称性演化博弈

链间演化博弈主要存在于不同商务网络信息生态链的同级节点之间，最常见的是电子商务交易平台之间合作、不同商务网络信息生态链上的供应商则是通过价格信息的交流与统一，实现维护市场最终保障自身利益的博弈行为、消费者之间主要表现为通过不同渠道的产品质量信息、消费信息的传递实现博弈行为。在这一过程中通过平台技术、供应商资源以及客户资源等优势，资源互补，提升竞争力，从而抢占更大的市场先机，最终提高综合实力、盈利能力的博弈行为即为对称性博弈行为。对称性演化博弈指的就是两个地位均等的博弈主体，彼此间不会给对方施加强制性影响。通常情况下可将对称性演化博弈主体定义为：具有差不多的创造利益的能力，同时具有差不多的资源。换言之也就是不用担心一方是否会影响另外一方选择策略。在这一演化博弈中，相较而言具有较为公平的利益分配，换言之也就双方投入资源的比值与其通过博弈而获得的收益增加值是相等的。

4. 链间非对称性演化博弈

链间对称性演化博需要重点考虑的因素主要包括：链的地位是否均等、是否存在相互影响、施加压力的情况。结合实践发现，现实中的链间博弈很有可能存在生态链不对等的地位。例如 A 链是某综合性商务信息平台，B 链是某行业性区域性电子商务信息平台，A 链具有巨大的消费市场群体，而对于所在的领域或所在的行业，影响力有限。如果过分强调自身投入来开发薄弱的领域，可能会导致得不偿失甚至严重的“水土不服”，往往会选择利用 B 链的行业区域资源优势来补齐自身短板。

B 链的行业区域性电商信息平台可能由于自身的发展不足，通过与 A 链的博弈行为实现自身的平台更快更好发展。在链与链的博弈关系中实力相差悬殊，往往会导致两者间不对称。链会对链的经营策略选择时施加影响，干扰其最终选择与影响其策略结果。

3.3.2 商务网络信息生态链的演化逻辑图

逻辑是指事情的因果规律，研究商务网络信息生态链的演化逻辑，不仅研究商务网络信息生态链初级阶段演化到商务网络信息生态链高级阶段的这一过程，更要剖析演化的内在根源即演化动因、动力。商务网络信息生态链演化逻辑如图 3.5 所示。

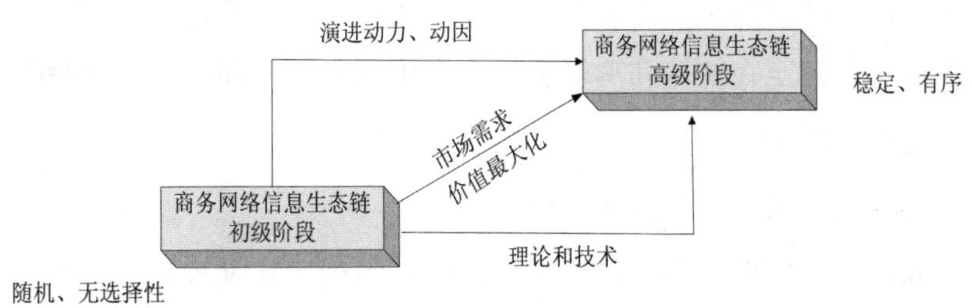

图 3.5　商务网络信息生态链演化逻辑图

（1）商务网络信息生态链演化动因

商务网络信息生态链是由信息主体、信息资源、信息环境、信息技术四要素构成，商务网络信息生态链的演化不仅是四要素独立的演化，更是四要素的升级整合。商务网络信息生态链的演化不仅需要演化动因的推动，更加需要演化动力的拉动，根据演化动因和演化动力的思想，可以将四要素归为两类，一类是信息环境和信息技术为主的演化动因，另一类是以信息资源和信息主体为主的演化动力。商务网络信息生态链的演化动因主要包括以下几点：

①理论和技术的革新

相较于传统的企业而言商务网站的信息多以电子信息为主，随着信息技术的不断发展和更新，数据传输从传统的 EDI 发展成为基于 Internet 的 EDI，数据库也升级成能够为用户提供个性化服务的数据仓库，此外，云计算、数据挖掘等相关技术也陆续应用到商务网站中，使得商务网站在信息流转方面更加高效，推动着商务网络信息生态链的演化。

生态化理论在社会生活中的广泛应用，为商务网络信息生态链的发展指明了方向，使商务网络信息生态链的运行和演化更加科学和稳定。

商务网站要想实现可持续发展，不断地接受新理论、不断更新信息技术、提升商务网站的质量是十分必要的。但商务网站的不断更新，也可能会引发商务网络信息生态链的不稳定，导致整个商务网络信息生态链处于动荡状态，甚至在结构和功能上也会发生变化，进而会对商务网络生态链的演化造成影响。

②消费需求和价值需求的增长

商务网络信息生态链发展至今，已经得到了快速发展，取得了显著成就。虽然不同的商务网站经营项目和经营模式存在着差异，但是其目的都是为了追逐价值。为了满足消费者不断变化的消费需求，各个商务网站都在不断地进行自我完善，努力调整适应当前消费者的需求，在众多商务网站的竞争中，商务网站为了最大利益不断地和其他竞争对手竞争或者合作，在这个过程中，形成了完善的商务网络信息生态链，只要消费需求和价值需求不断增长，整个商务网络信息生态链就会不断地运行和演化。

③政策的支持和引导

随着社会经济的进步，人们对生态文明的要求也越来越高，在整个日常生活中，生态思想和生态文明已经成为人们精神追求的一种常态。商务网络信息生态链在受到外部环境的影响时，将发生一定的外涨落，外部环境影响着内部环境，商务网络信息生态链内部各主体会针对外部环境的变化采取相应的策略，使商务网络信息生态链内部发生内涨落，使得商务网络信息生态链发生改变，这种改变可能是量变，也可能是质变，无论是量变还是质变，都会推动着商务网络信息生态链地向前演化。

（2）商务网络信息生态链演化动力

商务网站在信息环境的影响下，利用相关信息技术对信息资源进行开发和利用，商务网站和信息资源之间存在着主体和客体的相关关系，因此，演化动力又可以细分为主体动力和客体动力两方面。

①主体动力

任何商务活动，最终目的就是为了追求价值的最大化，商务网站之间为了实现这一目标不断地进行博弈，根本目的就是维护自身的利益。商务网站之间在相互竞争中也实现相互合作，力争信息资源能够得到充分利用，实现最大程度的信息共享。不同的商务网站在竞争和协作的过程中，最初都是无序竞争，在不断竞争中逐渐演变成有序结盟，最后形成了一条动态有序的、相对稳定的商务网络信息生态链。但商务网络信息链上的各信息主体只有在与自身利益密切相关的情况下，才会进行主动联结，并不顾及商务网络信息生态链的全局，这就导致了整个生态链自发性和随意性比较强，功能得不到有效发挥。

在整个商务网络信息生态链中商务网站的演化过程，实质上也是一个优胜劣汰的过程，劣质的商务网站被淘汰，优质的网站得到充分发展，更加适应当前社会的需求，整个商务网络信息生态链在不断的淘汰中得到提升，结构也更加完善和稳定。

②客体动力

商务网络信息生态链在发展过程中受到多方因素的推动，形成一股前进的动力，整个商务网络信息生态链的功能越来越完善，商务网站参与网络经济活动的实际能力更强，所具有的信息势能变得更大，信息流动的速率更快，信息动能也会增加。信息资源动能和势能的提高需要更加高效的商务网络信息生态链去承载，信息资源的演化迫使商务网络信息生态链的演化，商务网络信息生态链演化动力如图 3.6 所示。

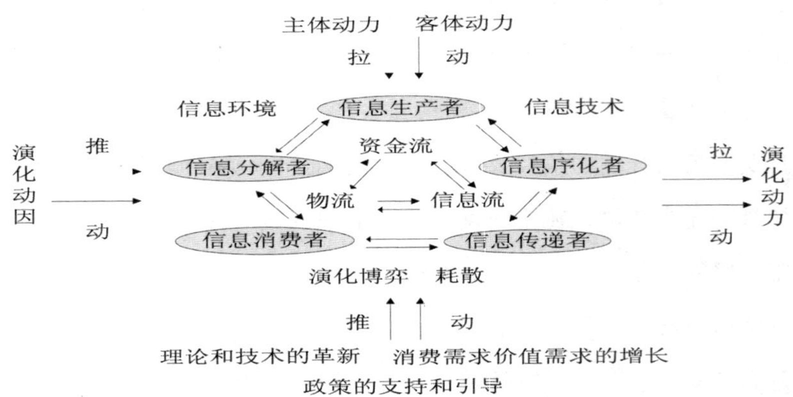

图 3.6　商务网络信息生态链演化动力

3.3.3　商务网络信息生态链演化模型

因为不同商务网站的运营能力不同，商务网站自身存在着差异，具有的信息势能也存在着不同，生态信息资源的流动是沿着从高到低的状态进行，信息势能高的节点具有优势，信息资源会向低的节点流动，这样就形成了一种推动力量，虽然和自然界中水的流动有些相似，但是，信息资源流动还具有拉动功能，例如在信息技术的作用下，信息主体可以将商务网络信息资源从低的节点向高的节点流动，所以形成了一个完善的商务网络信息生态链。

商务网络信息生态链不断地与外界进行沟通，不断地进行信息和能量的输入和输出，资源是有限的，商务网站为了争夺有限的资源会相互协同和竞争。在这个过程中，信息资源也会在不同的节点之间流动，逐渐造成信息主体间的信息势能的差别，对于信息势能高的节点会不断向势能低的节点输出信息，推动信息的传播，对于信息势能低的节点，会自动向信息势能高的节点靠拢，形成信息资源的拉动，在不断的运动中，商务网络信息生态链的稳定性和有序性逐渐增强，最终会形成以某个节点为核心的相对稳定的商务网络信息生态链结构，如 3.7 所示。

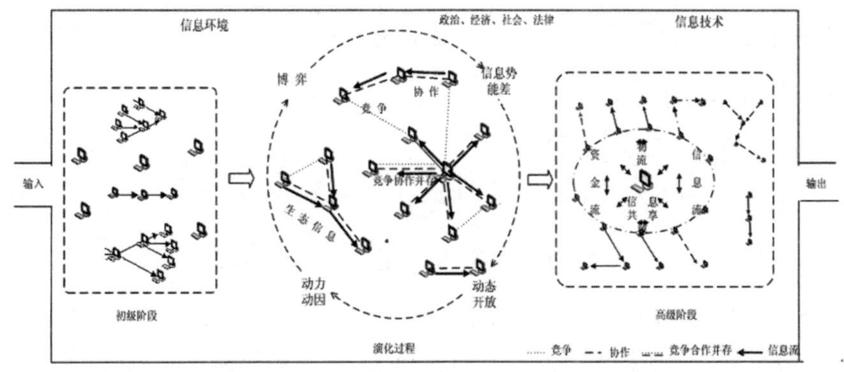

图 3.7　商务网络信息生态链演化模型

商务网络信息生态链的演化过程也是不断提升系统功能的过程，演化带来的有利之处主要表现在以下三个方面：信息流速的提升、信息的流转质量提升、信息的流转成本降低。

（1）信息流速的提高

商务网络信息生态链上节点间及其内部存在着信息的流动，信息的流动使得商务网络信息生态链上合作共生关系的主体关系更加紧密。信息流转的速度对博弈主体之间影响存在于同级节点之间、不同级节点之间、链体之间。因为信息很重要的一个属性就是时效性，如果不能得到及时的流动，出现了滞后或者中断，那么商务网络信息生态链上的主体就无法及时得到有效信息，就会影响信息主体之间的信任和合作关系。只有推动信息的高速流转，才能实现信息增值，让合作双方实现共赢，进而推动合作关系的进一步发展。

（2）信息的流转质量提升

信息流转质量取决于生态链之间的互动性强度。在商务网络信息生态链上流动的信息流主要以供应、需求信息为主，双向流动过程中会及时进行更正与补充。高质量的信息能够为双方带来更多的机会和利润，能够促进双方的紧密合作，真正实现信息的价值。如果信息在传递过程中质量差、速度慢，甚至出现失真现象，根本无法满足供给和需求，商务网络信息生态链就无法演化成共生关系。

（3）信息的流转成本降低

信息流转成本分为两类，一类是不可避免成本，另一类是可避免成本。在构建商务网络平台时，要投入大量的设备、人力、物流、信息损耗和生态链建设等成本，对商务网站来说也是一笔不菲的投入。控制商务网络信息生态链信息流转成本，其目的就是为了实现商务网站利益的最大化。对于不可避免的成本要尽量地控制，避免各种浪费现象。对于可避免的成本，尽可能地进行避免。比如，在引进技术和市场推广方面，可以选择和其他网站合作，或者借助于其他力量进行宣传，就能够尽可能地降低成本。还可以通过资源共享等方式，解决商务网站成本问题，另外通过资源共享还能够稳定双方的关系。

3.4　本章小结

本章对商务网络信息生态链的解构与演化问题进行了深入分析，对商务网络信息生态链的内涵进行了阐述，并构建了商务网络信息生态链的结构模型。除此之外，利用了演化博弈理论探讨了商务网络信息生态链的演化路线和演化逻辑问题，并对商务网络信息生态链的未来发展方向进行了展望。

本章研究工作和结论：

（1）在剖析商务网络信息生态链解构的基础上，对商务网络信息生态链的演化路线进行了分析，根据其演化过程中所呈现出的不同特点，将其分为不同的演化阶段。并将商务网络信息生态链的演化过程分为了初级阶段和高级阶段两个部分，着重阐述了两阶段的特征与功能的不同。

（2）利用演化博弈理论对商务网络信息生态链的演化逻辑进行了分析，并最终构建了商务网络信息生态链演化模型，动态的解释了商务网络信息生态链的整个演化过程。

第 4 章

商务网络信息生态链价值的基本框架解析

4.1 商务网络信息生态链价值及价值链基本内容

4.1.1 商务网络信息生态链价值的内涵及维度

1. 商务网络信息的价值内涵

（1）不同领域对价值的理解

①从哲学角度看，价值是事物的构成元素之一，人脑在解决问题时，将其分为有害和有利两类，并从有害或有利类别中再抽象出来事物或者说原本体，万事万物在某种程度上都具有价值，价值也是事物之间相互联系、相互影响的能力。

②从马克思主义哲学角度看，价值是一种关系范畴，表示的是客观世界对主体需要的满足度，是事物的某个属性对主体具有的意义。

③政治经济学则认为价值是指那部分凝结在商品中的无差别的劳动，并且价值是由抽象劳动创造的。

④对于经济学，价值则是一种金融工具，用于体现未来的现金流，只是其在当前时间点的价值折现。

⑤从管理学的角度理解，价值属于关系价值，例如我们常见的企业价值、财务价值、顾客价值等。

在本研究中，我们所研究的价值主要是从经济学和管理学的角度进行理解。在众多的价值研究理论中，最著名的还是波特的价值链理论，并且得到了学者们的极大认可。1985 年迈克尔·波特提出著名的价值链理论，通过对企业业务环节的分析阐述价值增值的过程，认为企业的价值一方面包括企业发展相联系的长期价值，另一方面是各项业务的价值总和。

波特的价值链主要针对单个企业价值来分析价值链，但他后来又提出了价值系统——比单个企业更广泛的一连串活动系统。价值系统是企业价值链活动与一系列外部价值活动所形成的联系过程及其结果的价值活动体系构成。价值系统的提出使价值链理论不再仅限于本企业，而是由多个相互关联主体共同组成的价值系统，这一理论为价值网络日后的发展奠定了理论基础。随着时代发展和信息技术的产生，逐渐又产生了虚拟价值链、价值网的概念。

价值链在不断发展的过程中逐渐也产生了价值链管理，如对水平价值链、垂直价值链、虚拟价值链的管理。所谓垂直价值链管理，就是指将价值创造过程中的供应商、企业、零售商、消费者等联系起来，加强合作，共同创造价值。所谓水平价值链管理就是指将处于同一水平的企业以某种方式相互连接，提高企业的核心竞争力，通过合作竞争的方式快速实现消费者需求。无论是水平价值链还是垂直价值链，与信息技术相结合并将其作为企业创造价值的主要因素，就是我们所说的虚拟价值链管理。

在各企业构成的价值网络中，不断进行着价值流、信息流、资金流的流转，由此可见，价值和价值网是密不可分的。

（2）商务网络信息生态链对价值的理解

在商务网络信息生态链研究中，对于其价值的研究尚且空白，研究主要集中在商务网络信息生态链的内涵、运行机制等的研究上。为阐述商务网络信息生态链中价值的内涵，对商务网络信息生态链及价值链概念的剖析是十分必要的。

张海涛教授曾将商务网络信息生态链定义为：在商务网络环境下，为确保可用的商务网络信息能够高效高速地传递，商务网站以信息技术为支撑，围绕核心节点按照各自的功能及特点形成有序的链状或网络状结构，完成信息共享与协同，在获取信息价值增益的同时实现企业利润最大化，这种结构即为商务网络信息生态链。商务网络信息生态链是由诸多商务网站构成的，许孝君认为商务网络信息生态链是一条围绕商务信息传递而形成的商务网站集结体，不仅仅是信息传递的网状结构，更是一条价值的增值链。

在商务网络信息生态链中，既存在同一水平上的商务网站构成的水平价值链，又存在价值创造过程中扮演着不同角色的商务网站构成的垂直价值链，因此商务网站信息生态链价值链是一个复杂的价值网，价值、信息等在价值网中不断流转。

商务网络信息生态链是网络信息生态链专门术语中的一种，专门术语还包括：电子政务生态链、数字图书馆生态链、博客信息生态链等。因此，商务网络信息生态链是网络信息生态链概念中的一个子集，二者有着诸多相似之处。

对于网络信息生态链的价值的内涵，杨小溪认为网络信息生态链的价值是指网络信息生态链通过满足社会经济、政治、文化等方面活动需要而带来的经济、文化、素质、形象等多方面的影响，与一般的价值相比更加丰富，不仅包括经济价值，还包括非经济价值。

综上所述，根据价值在各领域中的定义、价值网理论以及在网络信息生态链研究中对价值内涵的理解，我们可以将商务网络信息生态链价值定义为：商务网络信息生态链中各主体为达到自身利益最大化，依据顾客需求和自身发展需要，利用信息技术等进行节点间信息协同及共享，使商务网站、商务网络信息生态链在其构成的价值网中产生的经济、文化、社会等方面的收益和效用。

价值的概念之所以有多种，是因为在以往的研究中，对领域的划分过于明显，以至于在分析某一领域时，侧重于价值的某一方面，但对商务网络信息生态链价值进行理解时，不能割裂地看问题，应该将价值的概念进行整合。因此，对于商务网络信息生态链中价值的理解应该遵循以下几点：

①商务网络信息生态链与网络信息生态链有着许多相似点。所以，商务网络信息生态链的价值也应该包括经济价值和非经济价值。

②商务网络信息生态链中的经济价值可以用货币等计量，非经济价值的定义更为宽泛，包括顾客满意度、企业品牌文化、企业发展潜力等不能用货币计量的价值。哲学中价值的定义是特定属性客体对主体的意义，这一点可以用顾客心智资源满意度去理解，也属于非经济价值。

③价值的创造过程需要人力、物力、资源、消费者需求等原材料，经过商务网络信息生态链中各商务网站之间的协同和博弈过程，使各商务网站、整个商务网络信息生态链共同产生价值，最终使参与创造价值的主体获得相应效益回报。

④商务网络信息生态链中的价值是在商务网络信息生态链价值网中创造、转移、实现和分配的。

为了更好的对商务网络信息生态链中价值进行理解，以下将从价值的维度、属性、类别逐一进行阐释。

2. 商务网络信息生态链价值的维度

维度，又称维数，是数学中独立参数的数目。在物理学和哲学的领域内，指独立的时空坐标的数目。维度是用来反映业务中的某一类属性，对业务中这一类属性进行描述，描述的集合也可以构成一个维度。此外，维度也是指一种视角，它是从多层次、多角度对某些特定事物进行的解释、评价等。

综上所述，从不同维度去理解商务网络信息生态链中的价值，也就是从不同角度对商务网络信息生态链价值进行剖析。本书主要从三个方面解释价值的维度：即价值的表现形式、价值的流动方向、价值的计量方式。

（1）价值的表现形式

表现形式是指客观事物反映出来的、往往能够为我们的感官感知和认识的外部存在形态和方式。根据价值的表现形式的不同，本书将价值分为直接价值、间接价值两类。

直接价值就是可以直接得到的社会经济效益的货币表现形式。直接价值通过具体的财务指标可以体现，比如收益、成本、资金周转率等一切可以用数据计量的指标，主要侧重的是短期利益。

间接价值就是由此引起的或衍生出来的社会经济效益的货币表现形式。与直接价值不同的是间接价值的表现形式并不一定即刻带来收益且一般不能用财务指标衡量，侧重于企业长远利益。比如品牌效应、企业文化、顾客心智资源满意度等等。

（2）价值转移方向

亚德里安·斯莱沃茨基在《价值转移》中，将价值转移定义为：某一产业的价值链战略环节随着产业技术的进步和消费需求结构的变化而变化。高恒又将价值转移与利润池相结合，将其重新定义为：市场中的稀缺元素，如技术、知识、营销能力等，是在价值链中不断流动的，流动的结果会导致利润池发生改变，进而影响其演变过程。Slywotzky 将价值转移划分为三个阶段，分别为价值流入、价值稳定和价值流出。

商务网络信息生态链价值链的结构是由多节点构成的复杂网络，节点之间的连接形式可能是横向连接，也可能是纵向连接。因此，价值的转移方向也存在横向转移和纵向转移，进而产生的价值是横向价值和纵向价值。

横向价值指的是商务网络信息生态链同行业节点之间连接、运行之后产生的价值。

纵向价值指商务网络信息生态链上下游节点之间通过连接、运行之后产生的价值。

（3）价值的计量

根据价值的计量手段的不同，将可以直接用会计核算手段计量的价值定义为财务价值，反之，则为非财务价值。

传统企业的市场价值、公允价值可以看作从企业外部视角来考虑，侧重点主要在于市场投资者、外部交易等，是公司间接拥有资源的价值。企业的会计价值等是从其内部视角来考虑，侧重点在与企业直接拥有的资源的价值问题。因此，财务价值的概念应该同时从外部和内部两个视角来理解，价值既包括外部支援价值，如政府补贴、税收优惠等，也包括内部潜在价值，如未来销售额增长、技术研发技术提升等，财务价值可以说是内在价值和市场价值的结合体。

胡汝银教授曾指出，21 世纪无形资产，也就是非财务价值在企业整体价值中所占的比重将达到企业总资产的百分之八十，无形资产的资本化将是企业利润的主要来源，企业将不可以忽视无形资产的重要作用以及驱动因素。非财务价值不能直接通过财务指标进行换算，也就是说它通常不能用货币去度量，但可以用非财务指标去体现，常用的非财务指标有：顾客满意度、产品和服务质量、公司潜在发展能力、创新能力、技术目标、新品开发数、专利数等。

从不同角度对价值的理解，就构成了价值的维度。侧重点虽然有所不同，但是概念之间并不是彼此割裂的。因此，在研究价值维度时，需要考虑到不同价值维度之间的联系和交叉。

4.1.2 商务网络信息生态链价值的属性及类别

1. 商务网络信息生态链价值属性

从哲学思想的价值定义可知，价值是人与事物需求关系的体现，反应主体对其需求的程度。同时我们也应该看到价值拥有属于自己的特征，结合商务网络信息生态链价值链，我们可以将其划分为以下三种特性。

（1）社会性和主体性

价值作为社会意识的一个分支，其自身也具有一定的能力。人们所从事的一切社会活动都是在社会意识的支配下完成的，从这一角度可知，价值具有明显的社会属性。

同时，价值也是源于个体的需要，正是人们的需求才体现了事物的价值，也就是说没有个体的存在，就不会存在价值。

（2）绝对性和相对性

商务网络信息生态链中价值的绝对性体现在商务网络信息生态链创造的价值的大小是可以通过相应标准去计量的，因为商务网络信息生态链产生的价值确实为商务网络信息生态链、商务网站、经济发展、社会带来经实际效益。

商务网络信息生态链价值的相对性是因为主体不同，价值的大小也会不同。对于商务网站来说，价值主要集中在经济层面，看得见的经济价值和虽然看不见但是间接为经济服务的非财务价值。而对于社会而言，评定价值更多的是看对社会的贡献程度、对环境的毁坏程度等。

（3）客观性与主观性

商务网络信息生态链的价值具有客观性，其产生的价值是客观存在的，即使对于某个主体而言，该价值与它无关，但是不可否认的是，价值确实存在。

主观性体现在主体对价值的认可程度，这主要是因为主体所处立场不同，因此对于价值的认知也有差异，对某一主体而言具有非常大的价值，也许对另一主体价值很小甚至没有，这就体现了价值的主观性特点。

2. 商务网络信息生态链价值类别

商务网络信息生态链的价值具有多种分类标准，本书主要根据价值形式、价值范围、价值形成方式、价值共享程度四个方面对商务网络信息生态链的价值进行分类。

（1）价值形式划分

①经济价值

是指商务网络信息生态链中可用经济指标估算的价值，它既包括商务网络信息生态链在运行中创造的经济效益的增大，也应包括成本的降低。

经济效益的增大主要来自产品或服务的销量，销量的高低又取决于产品或服务的质量，质量和销量与信息资源的获取、开发、利用和传播也都关系紧密。因此，各信息主体可通过信息资源共享、协作、结盟等实现优势互补，使产品性能服务质量提高、市场规模扩大，从而增加经济效益。

信息资源庞杂，信息污染、信息爆炸现象时有发生，对个体而言获取信息的成本增加，如果个体能在一定条件下结盟成一个团体，实现信息共享，那么不仅降低了信息获取成本，也会使信息资源在各主体间停留、转换时间变短，达到降低成本的效果。

②文化价值

文化作为社会的一种风气，其在人们的生活中扮演了重要的角色，并且人们对文化的需求也越来越大，文化上的发展可以极大地推动社会的进步。对于企业而言，其产生社会价值必须要满足社会的文化，促进社会的进步，当然对于不同的个体，对于文化的认同也不相同，对文化的价值也存在差异。

③潜在价值

在商务网络信息生态链运行中，需要制定关于资源分配、分工协作方面的任务，倡导一种互惠互利、互帮互助的文化氛围，久而久之，各主体都会建立一种资源共享、团结协作的观念，对商务网络信息生态链的长远发展提供助力。与此同时，链上各主体通过信息或者知识的共享、相互学习，将其他节点的知识转化为自己的知识，提高自身知识水平的同时，也提高了商务网络信息生态链的生产能力、管理能力、服务能力等等，进而提高整体竞争力，使链上各节点的形象提升，形象是商务网络信息生态链宝贵的无形资产和潜在价值，能够为链上各主体日后的发展带来更大的价值。

（2）价值范围分

①节点价值

节点价值是指商务网络信息生态链中节点所能获得的那部分价值。虽然商务网络信息生态链中有很多节点，这些节点都会获得不同的价值，但节点价值只能由节点获得，其他主体不能够分享。比如节点所获经济收益、节点形象的提升、节点能力的提高等。

②整链价值

整链价值是指商务网络信息生态链整个链条所获得的价值，这种价值是不能够分割到每个节点，只能从商务网络信息生态链整体去体现的价值。比如，整个商务网络信息生态链所获得的知名度、信誉度等，只有对于整链来说才有价值。

（3）价值形成的方式分

①转移价值

对于整体体系来讲，随着生产的进行，社会竞争的发生，价值在不同的企业进行流动，从低竞争对手流向高竞争对手。这种流动可以是上下游企业的流动，也可以是同行业的竞争导致的流动。其中价值拥有自己的独特的特点，即价值的转移并不会造成整体价值的增加或者减小，而是发生强弱的流动。

②新增价值

新增价值是指在原先的体系中不存在，而各节点为了保证自己的长远发展创造出来的，属于新的价值。正是这种价值的产生，才不断地保证商务网络信息生态链的顺利运行，是其保持发展的基础。

（4）信息共享程度分

①独占价值

独占价值是指由某个节点独自占有，不能转移或共享的价值。比如节点自身提高的经营水平、品牌形象等，是其他节点不能通过竞争手段夺走的这部分价值。

②共享价值

共享价值是指商务网络信息生态链中共享程度高、链上节点都可获得的价值，这部分价值可以通过制定相应的分配机制分配到各个节点中去。

4.1.3 商务网络信息生态链价值链的内涵及特征

1. 商务网络信息生态链价值链内涵

想要清晰阐述商务网络信息生态链价值链的内涵，首先要明确价值链、虚拟价值链、价值网等相关概念。

1985 年，美国管理学家迈克尔波特首次提出了价值链理论，他主要阐述了企业中的各项服务或作业在运行过程中是如何产生价值的。理论最初波特将价值链描述为一个企业设计、生产、采购、销售等的过程或作业，他将企业的活动分为基础作业和辅助作业两大部分。后期，波特又重新对价值链进行了定义：价值链是一系列连续的价值创造的过程，包括原材料、供应商、生产者、顾客、产品或服务。

综上所述，可以将价值链概括为：企业的运营就是一个创造价值的过程，这个过程中，各项创造价值的作业连接在一起就构成了企业的内部价值链。

随着时代的发展和变化，波特的价值链也不再十分契合企业的发展过程，逐渐显现出一些问题，主要表现在：

（1）在传统价值链理论中，没有将信息技术列为创造价值的主要过程，而是将其看成是辅助活动。

（2）传统价值链理论研究的主要对象是制造业，并且是以单个企业为研究重点，研究单个企业与其供应商、顾客之间的联系，以及企业自身所具有的竞争优势。但随着互联网的发展，企业之间存在着千丝万缕的关联。因此，在考虑企业的价值链时，不能忽视企业的横向、纵向联系。

（3）波特价值链的研究主要偏重于企业内部的物质活动，侧重于研究企业的竞争优势，这顺应了当时以制造业为主的经济现状。但当今社会，随着信息技术等新兴科技的出现周期越来越短，更新频率越来越高，企业只通过合理组织自身资源是不可行的，顺应时代将传统价值链向虚拟价值链转变才是企业长久发展的方式。

虚拟价值链最早是由哈弗商学院的杰弗里·雷鲍特和约翰·斯维奥克拉提出的，他们提出在信息时代中，企业之间的竞争是存在于两个世界中，一个是管理者们可以看得见的由各种资源组成的物质世界，也就是市场；另一个是管理者看不见的，由信息构成的虚拟世界，也就是市场空间。虚拟价值链是实体价值链在虚拟空间中的延伸，是在信息领域中的新发展。

价值链理论从传统价值链发展到虚拟价值链，再到价值网络的兴起，无不体现着时代的变迁，技术的变革。

网络，通常指事物之间以某种方式连接在一起，彼此之间相互联系、相互影响。在自然界和人们的日常生活中存在各种各样的网络结构。

价值网是 Adrian slywotzky 最早提出的，由于顾客的多样性需求的增加，互联网的普及和竞争的激烈，企业之间需要彼此联合来满足顾客的个性化需求和市场的高强度竞争，因此，价值网应运而生。价值网是以顾客为中心，它以价值链理论为基础，结合了当今经济发展形势，满足顾客需求的同时完成价值创造的过程。

综合价值链理论、虚拟价值链理论、价值网理论的发展历程，不难看出商务网络信息链价值链其实就是商务网络信息生态链价值网：即商务网络信息生态链价值链是一种以顾客为核心的价值创造体系，他结合了传统价值链的相关理论，将具有各自核心价值和资源的节点进行整合，通过某个核心节点的控制和引导，最终实现价值的创造、流转、分配的体系结构。

2. 商务网络信息生态链价值链的特征

经过对商务网络信息生态链价值链的分析发现，商务网络具备以下四个提点：即复杂性、动态性、开放性、边界不确定性。

（1）复杂性

节点的多样性造成了商务网络信息生态链价值链的复杂性，节点多样性是指网络节点所具有的资源的数量和所处的地位是不同的，每个企业都会有各自的优势和独特资源。这些复杂的节点，构成了不同的价值链条，不同的链条经过整合，又会形成不同的价值网络。因此，价值网络是庞大且复杂的。

（2）动态性

动态性体现在每个企业能否进入企业价值网络在于其核心价值是否符合整个网络的需求，在于其是否具有竞争优势，不符合网络需求或者已经没有竞争优势的节点将会被淘汰，同时新的节点也会加入，整个商务网络信息生态链价值链是处于动态发展中的。

（3）开放性

商务网络信息生态链价值链是一个开放的系统，系统内部之间以及系统与外界环境之间时刻进行着物质、能量、信息等的交换，使得价值链向着更适应环境的方向发展。

(4) 边界不确定性

商务网络信息生态链价值链已然不是一个单一的企业，没有明确的企业边界。价值链的维持通常是需要核心节点的影响和控制，通过控制性契约或非控制性契约使其长远运行，虽然各节点从中获得价值，但是节点的存在具有不确定性。因此，商务网络信息生态链价值链并不是一个真实企业，没有确定的企业边界。

通过本章的研究，我们已经对商务网络信息生态链价值的内涵、维度、属性、类别以及商务网络信息生态链价值链的内涵和特征进行了详细的研究。但价值是如何在各节之间形成以及各节点是以哪种方式整合在一起仍没有说明。本书将商务网络信息生态链看作一个系统，以系统动力学的角度分析价值的形成过程以及各节点在价值形成过程中的动态运动过程。

4.2 商务网络信息生态链价值形成机理

4.2.1 商务网络信息生态链的耗散结构特征

所谓商务网络信息生态链，是指在商务网络环境下，为确保商务网络信息能够高效、高速地传递，各个信息主体以信息技术为支撑，围绕核心节点按照各自的功能及特点形成有序的网状结构，完成信息共享与协同，在获取信息价值增值的同时，实现系统效率最大化，这种结构即为商务网络信息生态链。其主要的构成为四部分，依次为信息资源、信息主体、信息技术和信息环境。

由此可见，商务网络信息生态链就是一个具有特定的社会、经济功能，由诸多信息主体按照一定方式组成的有机整体，不同的信息主体之间相互联系、相互影响以及相互作用。为了更加清晰地认识商务网络信息生态链耗散本质以及明晰商务网络信息生态链在价值形成过程中的发展和演化脉络需要首先了解商务网络信息生态链耗散结构特征。根据耗散结构理论可知如果一个系统能够从无序状态过渡到形成耗散结构必须具备以下四个必要条件：

（1）开放性

开放性是自组织系统最基本的特性，是系统形成时间、空间和功能有序结构的前提和基础。普利高津在研究耗散结构时，以总熵变公式为工具，科学地论证了开放性是自组织的必要条件，即：$dS = d_iS + d_eS$ 。其中，d_iS 是系统内部混乱产生的熵，称为熵产生，根据热力学原理可知此熵为正值，即 $d_iS \geq 0$ ；而 d_eS 是系统通过与外界环境相互作用而交换来的熵，称为熵交换，此熵值可正可负。系统在演化过程中，可能出现以下四种情形：

① $d_eS = 0$

这种系统是封闭的，与外界没有任何交换，内部的熵产生使系统混乱度不断增加，不可能产生自组织进化，只可能进入有组织的退化；

② $d_eS > 0$

即系统与外界交换得到的是正熵，总熵变 $dS > 0$ ，此时系统将以比封闭状态下更快的速度增加混乱度，不会发生自组织进化；

③ $d_eS < 0$ ，但 $|d_eS| < d_iS$

此时，系统通过对外开放从环境获得负熵，但是其获得的负熵不足以抵消系统内部的熵增加，即总熵变 $dS = d_iS + d_eS > 0$ ，因此，系统也不会发生自组织。

④ $d_eS < 0$ ，且 $|d_eS| > d_iS$

在这种情况下，从环境中得到的负熵大于内部的熵增加，即总熵变 $dS = d_iS + d_eS < 0$ ，系统出现熵减过程，即自组织现象。

根据热力学第二定律可知，一个孤立系统的熵总是自发地从熵小的状态向熵大的状态发展进而趋近于极大值，使得系统总是向无序程度更大的方向发展并最终达到最无序的平衡态。因此，一个孤立系统绝不可能自发地形成耗散结构。而对于一个开放系统由于可以通过不断地与外界进行物质、能量和信息的交换从而保证了从外界流入的负熵足够大，大到完全可以抵消系统内部正熵的产生使得系统的总熵减少进而使得系统逐步地由原来的无序状态向新的更加有序的状态方向发展从而形成并维持一个低熵的有序的非平衡态的耗散结构。

商务网络信息生态链作为一个社会、经济系统，为了能够与外部环境相适应、维持其自身的生存和发展，具有开放性是最基本的条件之一。一方面，商务网络信息生态链中的信息主体可以忽略时间和空间的限制随时随地地加入和退出系统；另一方面，为了不断地满足信息消费者的需求以及为了给信息消费者提供一个更加开放的信息平台，商务网络信息生态链需要不断地与外部环境进行着物质、能量和信息的交换。

（2）非平衡态

平衡一般是指一对矛盾的运动的事物双方势均力敌，处以相对抗衡或动态相对静止的状态。在热力学中，平衡态是孤立系统经过无限长时间后，达到的最均匀无序的稳定状态。而企业创新系统的平衡态是指企业与外界环境没有任何广义资源交流的稳定状态。非平衡是相对平衡而言的，系统非平衡性主要指构成系统的结构、组分、要素在物质、能量和信息分布上是不均匀和非对称的，存在异质性的一种状态。普利高津的最小熵产生原理告诉我们：在非平衡线性区即近平衡区，系统演化的最终结果是到达熵产生最小的、与平衡态类似的非平衡定态，当环境使系统逐渐接近孤立系统时，此非平衡定态将平滑地变为平衡态，系统根本不可能形成有序结构。由此可见，远离平衡是系统出现有序结构的必要条件。

根据最小熵产生原理可知当系统处于平衡态时其自发趋势是趋于无

序。当系统处于近平衡态线性区的情况下，即使有外界流入的负熵也无法保证可以抵消系统内部正熵的产生因而无法形成新的有序状态。只有当系统处于远离平衡态的情况下，系统才能够通过和外界进行物质、能量和信息的交换以及通过内部的不可逆过程（能量耗散过程）使得系统的无序状态失去稳定性从而才有可能将某些涨落放大而使系统达到新的有序状态进而形成有序的耗散结构。

商务网络信息生态链会随着外部环境（例如政治、经济、科学技术等）的不断变化而发生转换、升级和演化，从而使商务网络信息生态链不断地打破原来的平衡状态，不断地进行更新，促使商务网络信息生态链采取行动去寻找有利于自身发展的契机，进而使商务网络信息生态链从当前状态跃迁到新的更有序的状态，从而呈现出新的稳定的态势。

（3）非线性

系统的非线性是指其组分之间相互作用的一种数量特征及其不可叠加性。自组织理论指出，复杂系统中存在的微小涨落之所以被放大，是因为在远离平衡的开放系统可以产生与线性作用不同的非线性相互作用。这种作用使系统内诸要素丧失独立性而互为因果，形成双向信息传递的催化循环关系，从而使微小涨落越来越大直至形成巨涨落。正如哈肯所言：“控制自组织的方程本质上是非线性的。”

系统形成有序的耗散结构的内部动力学机制是在系统内必须存在着某些非线性动力学过程，这种非线性动力学过程来自系统内各子系统之间或者各要素之间的非线性相互作用，正是通过这种非线性相互作用使得系统内各子系统之间或者各要素之间产生协同效应和相干效应——当系统处于某一临界点处时，这种非线性相互作用可以将微涨落放大为巨涨落，从而使得系统的热力学分支失稳；相反，当控制参数越过某一临界点处时，这种非线性相互作用可以对于涨落产生抑制作用，从而使得系统稳定到新的耗散结构分支上。正是通过这种非线性相互作用使得系统能够从杂乱无章变得井然有序。

商务网络信息生态链是由诸多信息主体所构成，各个信息主体之间相互联系与相互制约，彼此之间存在着正反馈效应。这种非线性的相互作用的存在使得商务网络信息生态链中的某一个反馈回路在一段时间内起着主导作用从而产生相应的主导行为，随着作用程度的加深进而形成耗散结构的动力。

（4）涨落

“通过涨落达到有序”是自组织理论的基本原理。根据自组织理论，系统从无序到有序的演变是通过随机涨落实现的。在远离平衡状态的系统中，涨落对系统起着建设性的作用，是系统有序演化的内部诱因。涨落对系统的存在和发展具有双重作用。其一，涨落是维持系统处于平衡态的动力。当系统由于某种原因偏离平衡态时，涨落会使系统很快地恢复到原来的状态。其二，涨落又是破坏系统平衡态的重要力量。当系统发生相变时，系统处在临界点，原来的定态解失稳，但系统不会自动离开定态解，只有在涨落的作用下，系统才能偏离定态解，偏离范围不论多少，只要有偏离就会使系统演化，并处于新的定态解。

系统是一个由大量子系统或者诸多要素所组成的有机整体，因此对于系统的某个测度值来说实际上是由众多子系统或者要素的测度值的统计平均值来确定的。然而由于系统在每一时刻的实际测度值并不一定都非常精确地处在这个平均值上，而是或多或少有些偏差，这些偏差就称为涨落。耗散结构理论认为虽然涨落是一种偶然的、随机的以及杂乱无章的现象，然而系统中某个微小的涨落都有可能带来巨大的结果性偏差，因此对于耗散结构来说，涨落是促使系统从不稳定的无序状态跃迁到一个新的稳定的有序状态的积极因素和形成一个新的稳定有序结构的杠杆，即“涨落导致有序”。

商务网络信息生态链是一个具有特定功能的有机整体，其重要的功能之一便是为信息消费者提供更多、更丰富的信息或服务。由于用户需求的不断更新而导致信息资源呈现出动态变化的特征、信息技术不断地创新与进步等因素会引发“内涨落”，而外部环境的不断变化等因素会引发“外涨落”；当“内涨落”和“外涨落”达到一定程度时均会使商务网络信息生态链从当前状态跃迁到新的更有序的状态，进而不断地推动商务网络信息生态链向前发展。

4.2.2　商务网络信息生态链价值形成的动因分析

“动因”本是生物学术语，原指行为诱发、维持并进而引向一定方向的过程，称为动机引起。动物由于内部条件而处于某种需要或欲求状态时，驱使动物向着得到满足而恢复到正常冲动状态的方向去行动的倾向，可称为行为原动力的倾向，它产生于动物的内部。在动物的外部，把满足其需要的对象或事物称为诱因或目标。在动物内部的行为倾向和外部条件的关系上，动物是朝着一定的方向，以一定的强度产生行为的。这时在动物内部产生的行为的心理倾向，称为动因（drive），由赫尔（C. L. Hull）等行为主义心理学家强调其行为的这一方面。

根据价值论的观点，任何事物的形成和发展都是主观因素（内在因素）和客观因素（外在因素）共同作用的结果，主观因素（内在因素）和客观因素（外在因素）是事物的形成和发展的根本动力。因此，商务网络信息生态链价值形成同样需要主观动因（内在动因）和客观动因（外在动因）的共同作用，如图 4.1 所示。

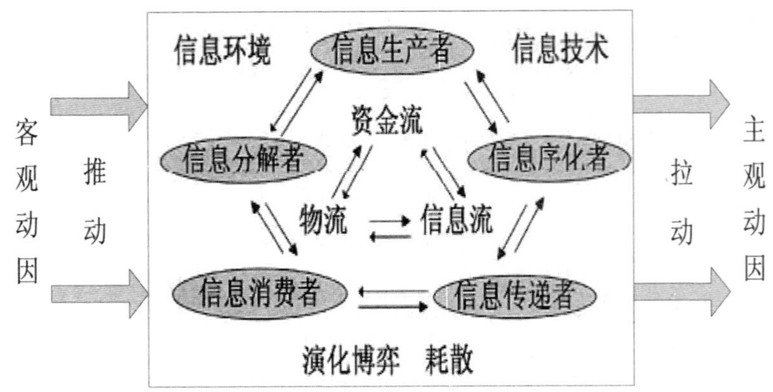

图 4.1　商务网络信息生态链价值形成的动因

(1) 商务网络信息生态链价值形成的主观动因（内在动因）

商务网络信息生态链价值形成的主观动因（内在动因）是价值形成动机和价值形成行为产生的基础和根源。商务网络信息生态链价值形成的主观动因（内在动因）越强，其价值形成动机也就越强，进而越能够诱发产生价值形成的行为；商务网络信息生态链价值形成的主观动因（内在动因）贯穿于价值形成的始终，发挥着永恒的动力作用。商务网络信息生态链价值形成的主观动因（内在动因）包括信息主体自身发展的需要、信息主体相互博弈的结果以及信息势能和信息动能的提高三个方面。

①信息主体自身发展的需要。商务网络信息生态链作为一个具有特定社会、经济功能的有机整体，具有所有信息主体所认同的共同目标，即实现其自身价值、效益、效率最大化。因此，商务网络信息生态链作为一个营利性的经济组织，其存在的根本意义在于通过生产和组织活动为社会提供信息产品或信息服务，并力求在收回投资的同时获得利润和竞争优势，从而确保其自身的生存和发展。因而，对于商务网络信息生态链来说，对利益（主要指利润和竞争优势）的追求和利益的实现，都是促使其价值形

成的内在驱动力。为了实现这一共同目标，信息主体之间不断地通过博弈以追求信息共享域中的信息资源能够获得最大程度的共享，从而打破相对孤立、封闭的信息孤岛，挖掘出信息资源中所蕴涵的价值并将这种价值充分地利用起来，进而提高商务网络信息生态链中各个信息主体以及商务网络信息生态链整体的竞争力与功能性，从而为信息消费者提供更多的、更丰富的信息资源和信息服务。

②信息主体相互博弈的结果。竞争和博弈是市场经济的基本范畴，是市场经济中的基本经济关系，也是商务网络信息生态链中各个信息主体所面临的基本生存环境。随着经济全球化的发展，市场竞争和博弈已经成为经济生活中的常态。为了保证自身不在竞争中被兼并、被淘汰，为了取得竞争和发展优势，商务网络信息生态链中各个信息主体就必须以各种手段增强自己的竞争实力。商务网络信息生态链中各个信息主体之间的博弈过程是一个充满竞争与协作的过程，由于最初各个信息主体对于商务网络信息生态链的全局形势和整体态势具有盲目性，每个信息主体都是自发地、随意地、非理性地仅仅选择与自身利益密切相关的其他信息主体结盟，从而形成了一条混沌无序的价值链。这一切都充分地体现出商务网络信息生态链具有耗散结构的演化规律，即自发性、随机性和有限性。商务网络信息生态链中各个信息主体之间的博弈过程亦是一个优胜劣汰的过程，每一个信息主体在博弈的过程中不断地自我优化，从而带动整个商务网络信息生态链向着更加稳定、更加有序的状态进行演化，进而促进了商务网络信息生态链价值形成与演化。

③信息势能和信息动能的提高。随着整个商务网络信息生态链的功能越来越完善，各个信息主体参与商务网络经济活动的实际能力也越来越强大，信息资源传递和共享的速率也越来越快，因此各个信息主体所具有的信息势能和信息动能也越来越大；随着各个信息主体所具有的信息势能和信息动能的提高，尤其需要更加高效的商务网络信息生态链作

为信息资源传递和共享的载体，从而加速了商务网络信息生态链价值形成与演化。

（2）商务网络信息生态链价值形成的客观动因（外在动因）

商务网络信息生态链价值形成不仅受到主观动因（内在动因）的拉动，同时还受到客观动因（外在动因）的推动，使商务网络信息生态链价值形成向着更高效、更增值的方向演化。商务网络信息生态链价值形成的客观动因（外在动因）是指商务网络信息生态链所处的外部环境因素对价值形成的驱动作用，商务网络信息生态链价值形成的客观动因（外在动因）包括消费需求和价值需求的增长、信息理论和信息技术的创新以及外部信息环境的变化和影响三个方面。

①消费需求和价值需求的增长。消费需求和价值需求既是价值形成活动的基本起点，也是价值形成活动的重要动力源泉和成功保证。消费需求和价值需求在商务网络信息生态链价值形成活动中起着不可替代的作用。当消费需求和价值需求随着经济和社会发展不断地变化，当变化达到一定程度，形成一定规模时，将直接影响商务网络信息生态链的盈利水平，同时它也为商务网络信息生态链提供了新的市场机会和发展思路，并引导商务网络信息生态链以此为导向开展价值形成活动，从而实现对商务网络信息生态链价值形成活动的拉动力。消费需求和价值需求拉动价值形成，反过来，价值形成在满足消费需求和价值需求的同时又会诱发新的消费需求和价值需求，从而拉动新一轮的价值形成，这样循环往复，使得消费需求和价值需求拉动成为商务网络信息生态链价值形成的重要和持续的动力。随着商务网络信息生态链的进一步发展，为了能够不断地满足信息消费者日益增加的信息需求和价值需求，于是在利益的驱使下各个信息主体与其他信息主体之间的竞争与协作的博弈就从未停止过，因此商务网络信息生态链价值形成也是在不断地进行着动态演化的并且在这种动态演化的过程中实现了价值增值。

②信息理论和信息技术的创新。理论创新和技术创新是以新理论、新技术的产生和投入为特点的技术经济活动。新理论和新技术既是商务网络信息生态链价值形成的前提，又是商务网络信息生态链价值形成的重要推动力量。邓小平提出了“科技是第一生产力”的著名论断，并指出它是生产方式中最活跃、最革命的要素。科学技术之所以能够成为推动商务网络信息生态链价值形成的动力，是因为它们具有发展性、应用性和经济性的三大特征。在商务网络信息生态链的发展过程中新的信息理论、新的信息方法以及新的信息技术不断地涌现。因此，需要商务网络信息生态链中的各个信息主体能够不断地接受和适应这种新事物和新变化。这种新事物和新变化会使得商务网络信息生态链发生内涨落和外涨落，从而造成商务网络信息生态链的不稳定性和波动性，这种不稳定性和波动性势必带动着整个商务网络信息生态链处于运动之中，使得商务网络信息生态链在结构和功能上不断地进行完善进而推动着商务网络信息生态链价值形成与演化。

③外部信息环境的变化和影响。商务网络信息生态链在受到外部信息环境的变化和影响时必将发生一定的外涨落；与此同时，外部信息环境的变化必然影响着内部信息环境，因此商务网络信息生态链中各个信息主体必然会针对外部信息环境的变化和影响采取相应的策略从而使得商务网络信息生态链的内部发生内涨落；这种外涨落和内涨落会使得商务网络信息生态链发生改变，这种改变既可能是量变也可能是质变，但是无论是量变还是质变都会推动着商务网络信息生态链价值形成与演化。

4.2.3　商务网络信息生态链价值形成机理模型

通过对商务网络信息生态链耗散特征的阐述，由此可见商务网络信息生态链在本质上就是一个耗散系统，完全满足形成耗散结构必须具备的四个条件。假设商务网络信息生态链的状态变量用 X_i 表示，则商务网络信息生态链的系统演化方程则可以表示为：$\frac{dX_i}{di} = f_i(X_1, X_2, \cdots, X_n, C_1, C_2, \cdots, C_n)$

其中：$X_i(i = 1, 2, \cdots, n)$，$C_i(i = 1, 2, \cdots, m)$。

从中可以看出，若 f_i 中所有的变量均为线性函数则商务网络信息生态链即为线性系统；若 f_i 中至少有一个非线性函数则商务网络信息生态链即为非线性系统。在商务网络信息生态链的演化过程中，非线性作用以及随机涨落作为商务网络信息生态链实现有序演化的内在动因发挥着突出的作用。非线性作用能够推动商务网络信息生态链中的各个信息主体通过相互协作和相互关联促进协同机制的产生与发展从而导致系统局部的微涨落形成巨涨落，进而使系统的状态发生变化——由相对稳定状态到不平衡状态再到新的稳定状态的演化过程。

综上所述，本书从纵向的时间角度进行分析，构建了商务网络信息生态链价值形成机理模型，如图 4.2 所示。

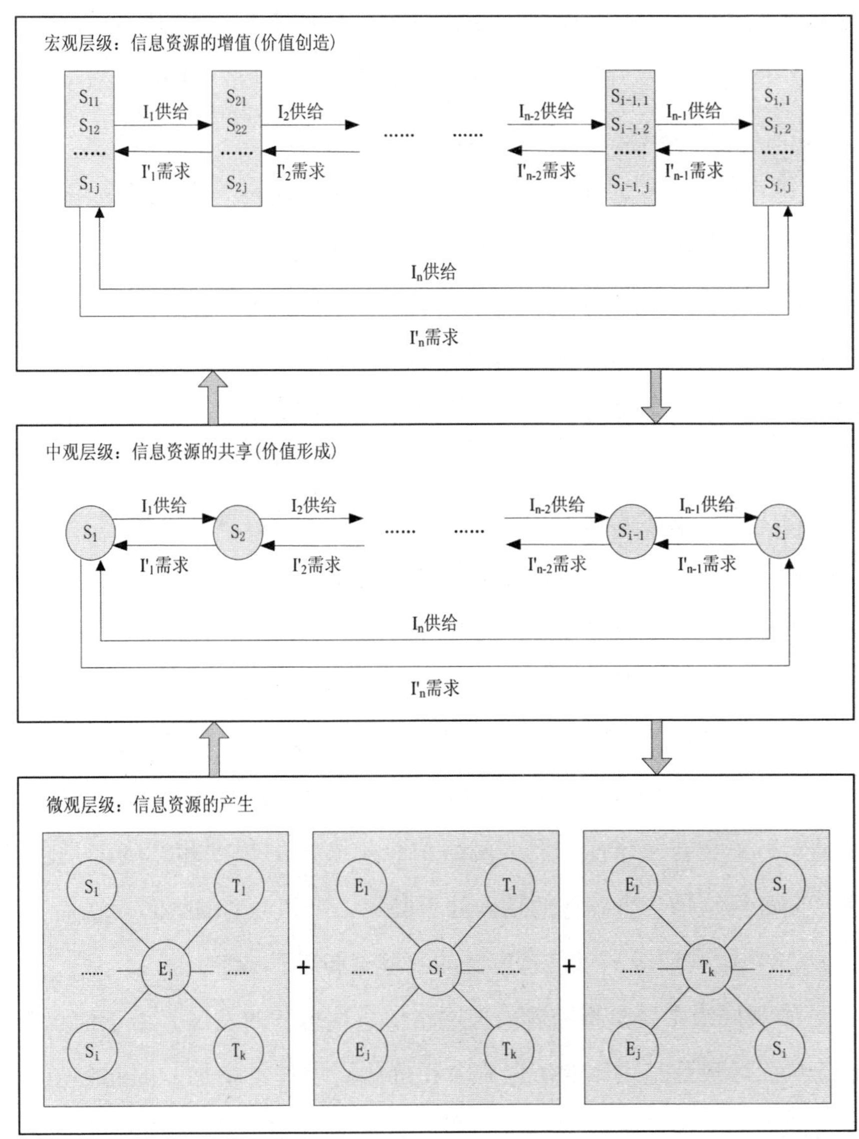

图 4.2　商务网络信息生态链价值形成机理模型

从图中可以看出，商务网络信息生态链价值形成机理模型分为三个层级：包括微观层级——信息资源的产生、中观层级——信息资源的共享（价值形成）以及宏观层级——信息资源的增值（价值创造）；层级之间的关系是下层是对上层的价值递进扩张关系，上层是对下层的价值递进选择关系，与此同时每一个层级在演化过程中均具有耗散结构的特征。

（1）微观层级——信息资源的产生

微观层级主要是指信息主体与信息技术、信息环境通过彼此之间的相互联系、相互影响以及相互作用组成一个有机整体，在此过程中信息主体之间的信息资源共享和相互协作行为很少，主要是通过信息环境的开放与获取、信息技术的创新与进步完成信息资源的产生过程——即自我增加，此时形成的是一条混沌无序的商务网络信息生态链。

此时，属于商务网络信息生态链发展的初级阶段，商务网络信息生态链的各个信息主体彼此之间十分孤立，甚至各个信息主体彼此之间存在着对抗竞争。因此，各个信息主体各自运营、独立存在，相互之间的信息资源共享和协同合作极少发生。随着时间的不断推移，伴随着宽容竞争的观念逐步引入，各个信息主体之间开始出现了简单的、偶然的信息资源交换。这一时期商务网络信息生态链的各个信息主体因利益而聚合。因此，所形成的商务网络信息生态链具有随机性和不稳定性。商务网络信息生态链的运行不具有规律性，商务网络信息生态链的长度和广度都是随机的，整个商务网络信息生态链的结构处于混乱无序和运动的状态。

（2）中观层级——信息资源的共享（价值形成）

中观层级主要是指随着商务网络信息生态链的发展，由于信息资源的缺乏从而导致信息主体的信息需求和价值需求日益增加，因此各个信息主体之间形成了信息资源的需求与供给以实现信息资源的最大程度的共享，并且通过不断地追求这种共享从而能够充分地挖掘和利用信息资源中所蕴涵的价值，此时商务网络信息生态链进入一个较为有序的价值形成阶段。

此时，商务网络信息生态链的各个信息主体为了达到利益最大化的目标，各个信息主体开始意识到合作不仅可以满足更多的信息资源需求，而且同时还可以更好地实现价值最大化，因此商务网络信息生态链的各个信息主体开始根据自身的信息资源需求有选择性地与其他信息主体相连，利用自身的能动性将不同信息主体所具有的信息资源连接起来，通过信息资源共享来获得更多的信息资源。在实现信息资源共享和利用的过程中，商务网络信息生态链的各个信息主体之间以及与外界环境之间不断地进行着博弈和合作，从而使得商务网络信息生态链中的信息资源转变成为生态信息资源，进而更好地实现信息资源的共享和信息主体之间的合作。

（3）宏观层级——信息资源的增值（价值创造）

宏观层级主要是指在商务网络信息生态链价值形成的过程中各个信息主体之间通过相互协作不断地创造出新的信息资源同时最大程度地共享信息资源并最终通过协同机制实现信息资源的增加和价值增值从而形成了“1+1>2”的协同效应，随着信息资源的数量和价值的不断增长，此时商务网络信息生态链进入一个有序的价值创造阶段。

商务网络信息生态链是一个动态开放的耗散系统，就系统本身而言会不断地演化发展，对于商务网络信息生态链的各个信息主体而言，更会为了获取价值最大化不断地进行博弈和合作，并且在博弈和合作过程中实现相互协作，从而尽可能获取更多的信息资源，以满足各自的信息资源需求。相互博弈和合作的结果是使得商务网络信息生态链的各个信息主体的实际运营能力出现差别，而实际运营能力的大小代表着各个信息主体所具有的信息势能高低，信息势能差的存在是商务网络信息生态链的信息资源流动的原生动力。同时，在信息资源流动的过程中便产生了信息动能，信息资源的流动进而带动着商务网络信息生态链的流动，因此信息动能的大小代表着商务网络信息生态链的信息资源传递的效率。商务网络信息生态链所追求的是信息资源的“高效”“高速”，因此，“高效”“高速”的信息资源流动意味着商务网络信息生态链中的信息资源所具有的势能、动能都会有所提高，从而使得商务网络信息生态链也朝着更高级的方向发展。

4.2.4 商务网络信息生态链价值形成的耗散结构演化分析

商务网络信息生态链价值形成的演化机制主要体现在该系统在内部和外部非线性作用下所生成的“涨落”及其对该系统的非线性作用过程。“涨落”是指“系统局部范围内子系统之间随机形成的偏离系统既定宏观状态的各种集体活动”。它不但涵盖系统内自主形成的“内涨落”以及源于外部的“外涨落”，而且涵盖了概率性的“微涨落”，对于叠加而成的“巨涨落”。涨落是受支配系统行为的“序参量”的影响产生出来的。序参量支配子系统的行为，主宰系统自组织的整体演化过程。子系统则按照序参量的“命令”，并使系统产生整体效应。系统在内外诸多因素的非线性作用下，随机产生诸多“微涨落”。然后，在一定条件下，这些“微涨落”可能通过相干效应迅速放大，形成宏观整体上的“巨涨落”并稳定下来，使系统由一种不稳定的状态跃变到一种新的稳定的有序状态，即形成新的有序结构。没有子系统间的竞争与协同，就不会有支配系统整体的序参量；没有序参量，系统的竞争与协同就失去了任何动力学意义。

所谓商务网络信息生态链价值形成的演化就是指伴随着商务网络信息生态链的进一步发展以及外部环境的不断变化，商务网络信息生态链持续地对其自身的系统结构进行重新调整并采用新的系统结构框架，从而使得商务网络信息生态链的系统结构形成一个不断演化的过程。研究商务网络信息生态链价值形成的演化的根本目的就在于通过探求其演化原因、演化条件以及演化进程为更加深入地进行商务网络信息生态链价值形成和价值创造与系统内部协同机制之间关系的研究奠定基础。

商务网络信息生态链价值形成的框架模型的三个层级在演化过程中，每一个层级均遵循着耗散结构特征，不断地呈现螺旋上升的态势。具体如下图 4.3 所示。

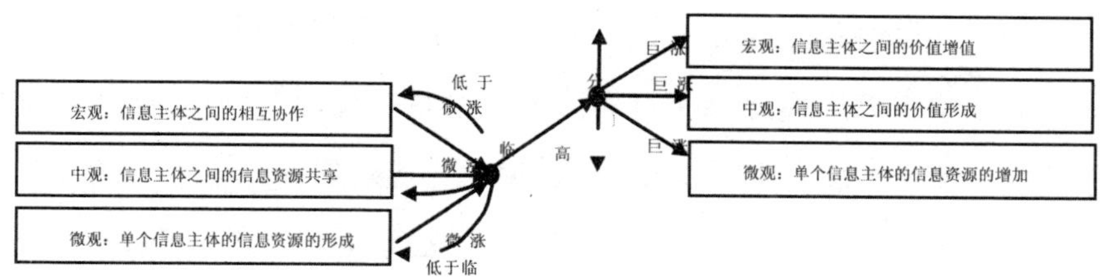

图4.3 商务网络信息生态链的耗散结构演化

1. 微观层级的耗散结构演化

微观层级的S（信息主体）、E（信息环境）、T（信息技术）子集的演化是整个系统演化的逻辑起点，由于不断有新的信息主体加入或者信息主体自身能力要素的不断增长、外部信息环境的变化和影响、信息技术的创新和进步以及信息资源的不断被丰富、被充实或者被赋予新的意义等扰动因素的出现，从而造成系统的微涨落使得系统逼近临界点；然而，由于信息主体所固有的能力要素的限制、外部信息环境的制约以及信息技术的知识黏性等因素会抵消微涨落，使得系统回归到原来状态；但是如果信息主体的能力要素有了明显的增长、外部信息环境有了剧烈的变化以及信息技术有了突破性的进展等因素的出现，就会使得系统高于临界点而造成系统巨涨落，导致系统逼近分叉点；此时，可能会形成超级巨涨落，进而演化为中观层级的各个S、E、T子集；也可能涨落幅度不是十分大，会形成普通巨涨落，进而演化为微观层级的各个S、E、T新子集，其对于原来的微观层级仍然具有扰动作用，从而促使原来的微观层级继续不断地进行演化。

2. 中观层级的耗散结构演化

中观层级的S、E、T子集由于各个信息主体之间的信息资源共享，不断地进行着信息资源的积累，从而造成系统的微涨落；但是由于信息主体自身的基础、能力等原因导致信息资源超载或饱和，即信息主体的信息资源的承载能力是有限的，因而抵消了微涨落，使系统在临界点处发生回落；然而，如果信息主体的信息资源的承载能力有了明显的增长，就会使得系统高于临界点、逼近分叉点而形成巨涨落；此时，同微观层级一样，系统要么可能会形成超级巨涨落，进而演化为宏观层级的各个S、E、T子集，从而进入一个新的有序结构——宏观层级的价值增值；要么也可能涨落幅度不是十分巨大，会形成普通巨涨落，进而演化为中观层级的各个S、E、T新子集，其对于原来的中观层级仍然具有扰动作用，从而促使原来的中观层级继续不断地进行演化。

3. 宏观层级的耗散结构演化

宏观层级的S、E、T子集由于各个信息主体之间的相互协作并通过协同机制实现信息资源的增加和价值增值，从而不断地进行着信息资源的积累，从而造成系统的微涨落；同微观层级和中观层级一样，此时系统既可能在临界点处发生回落，也可能继续逼近临界点，随着信息资源的增加和价值增值的不断积累，就会使得系统高于临界点、逼近分叉点而形成巨涨落；此时，系统要么可能会形成超级巨涨落，令系统逐渐超过临界值并最终在分叉点形成巨涨落从而使得宏观层级形成了新的耗散结构；要么也可能涨落幅度不是十分大，会形成普通巨涨落，进而演化为宏观层级的各个S、E、T新子集，其对于原来的宏观层级仍然具有扰动作用，从而促使原来的宏观层级继续不断地进行演化。

可见，对于商务网络信息生态链价值形成系统来说，S、E、T子集通过各个信息主体之间的相互协作并通过协同机制实现信息资源的增加和价值增值。受其影响，商务网络信息生态链价值形成系统之间发生非线性相互作用。其结果：①如果形成新的有序结构，那么，处于新结构状态中的商务网络信息生态链价值形成系统将会对其内部各要素产生正反馈效应，促其进一步依靠自身及外界因素产生非线性相互作用，并通过新的涨落、突变、相变、形成逐级分叉向高层次跃迁，完善乃至发展系统结构，形成系统演化发展的良性循环；②如果没有改变原有的系统结构和状态，那么，各个信息主体之间将继续相互协作并继续通过协同机制实现信息资源的增加和价值增值，继续产生涨落、突变、相变，促使商务网络信息生态链价值形成系统面临次级分叉和选择，直至最终改变原有的系统结构及其状态，形成新的有序结构。

总之，商务网络信息生态链价值形成通过系统间的涨落、突变、相变、分叉、选择等动力机制，以螺旋的形式循环演化着。其间，无论商务网络信息生态链价值形成系统选择哪一种分叉中的哪一状态，都仅是其循环演化过程中的一个阶段，系统在自身及外界环境的影响下，将继续进行下一个演化过程。另外，商务网络信息生态链价值形成系统间的非线性作用及其演化过程也是复杂和曲折的。商务网络信息生态链价值形成系统之间的非线性作用并不是一次性过程，而是循环的过程。系统实际的进化都是逐级分叉的层次跃进的过程，远离平衡的开放系统能够产生耗散结构的必要前提之一，是反应体系中必须存在自催化反应，也就是必须存在催化循环。已经形成有序的、新的商务网络信息生态链价值形成系统并非就意味着以后必定会形成良性循环，处于变化的外界环境以及非平衡状态中的商务网络信息生态链价值形成系统，在演化过程中，会有反复甚至倒退。尽管如此，从长远角度看，商务网络信息生态链价值形成系统仍是发展的。

4.3　商务网络信息生态链价值模型构建

4.3.1　商务网络信息生态链价值模型构建的目的

商务网络信息生态链价值模型是在商务网络信息生态链上各节点在特定的目的和相应的理论基础上建立起来的。因此，在研究商务网络信息生态链价值模型的构建之前，对其构建的目的和构建的理论基础的剖析是十分必要的。

（1）实现信息流、资金流、价值流在不同主体间的高效流转

对于商务网站而言，信息资源是除了物质资源、能量资源之外的又一重要资源，如果商务网站仍保持传统价值链的观念，过度注重竞争优势，与其他信息主体合作较少，那么信息资源的获取成本将会升高，效率也不高。商务网络信息生态链价值链的出现，让链上各主体处于一种合作的状态，使得各主体间的信息交换变得流畅、效率增加，继而使资金流、价值流也高效流转，创造更大价值。

（2）实现价值链上主体资源共享

商务网络信息生态链价值链上的出现使各商务网站之间建立紧密或松散的关联，使商务网站之间有价值的信息资源得到共享，共同创造价值。

（3）降低交易成本，提高利润水平

商务网络信息生态链价值链将众多商务网站以及相关企业连接在一起，使各主体共享资源，不仅降低了信息主体处理庞杂信息资源的成本，也相应降低了管理成本、交易成本。成本的降低，带来的是各主体利润的提高。

（4）加快商务网站反应速度，提高用户满意度

对商务网络信息生态链价值链这个虚拟的企业来说，顾客的多样需求可以分配到不同主体中去，整个链上每个主体只需稍加改变就可满足，成本降低的同时，用户满意度也会提高。

（5）变革企业组织模式、提高抵御风险的能力

商务网络信息生态链价值链的发展反映的是商务网站组织模式的变革，从传统的注重竞争的管理理念转变成合作竞争的组织模式，不再将竞争作为首要目的，组成的商务网络信息生态链价值链更能适应不断变化的外部环境，提高抵御风险的能力。

4.3.2　商务网络信息生态链价值模型的类型

通过对商务网络信息生态链价值链的分析，本书从微观、中观、宏观三个角度把商务网络信息生态链价值链分为三类，分别为节点价值链、整链价值链、价值网络。

1. 商务网络信息生态链节点价值链

商务网络信息生态链价值链中的价值根据其范围的不同，可以分成节点价值和整链价值。因为价值是依附于特定价值链存在的，所以，价值链也会有节点价值链和整链价值链之分。

节点价值链是从商务网络信息生态链价值链的微观角度得出的，这里的节点价值链有两层含义，一方面指构成商务网络信息生态链价值链的信息主体，这个主体可以是商务网站，也可以是相关联企业，它们构成了价值链的基础节点；另一方面是指商务网络信息生态链价值链发展到一定程度会形成庞大价值网络，信息主体之间经过整合会形成以某些节点为核心的小的价值网络，将之抽象描绘即为价值星系，每个价值网络中包含诸多小的价值星系，每个价值星系亦可看成一个节点。

（1）商务网站价值链概念模型

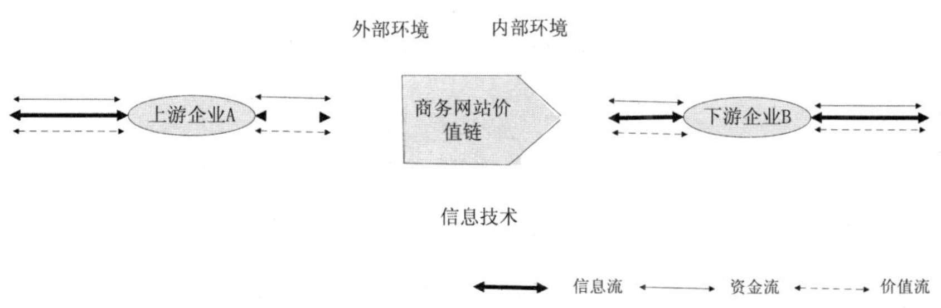

图 4.4　商务网站价值链概念模型

商务网站价值链是在外部环境、内部环境以及信息技术的支撑下，与其上游企业 A 和下游企业 B 不断进行信息流、资金流、价值流的交换。单独看商务网站价值链可以用传统价值链理论，着重分析其自身具有的竞争优势。关于商务网站价值链的概念模型如下图 4.4 所示。

（2）价值星系为节点价值链概念模型

微观角度是以商务网站为节点。从宏观角度看，在整个价值网络中，包含诸多价值星系，每个价值星系亦可看作一个节点，且这些星系之间关联程度较之星系内部各节点之间相对较弱，星系节点所在领域也可不尽相同。将价值星系作为节点，详细的概念模型见 4.5 所示。

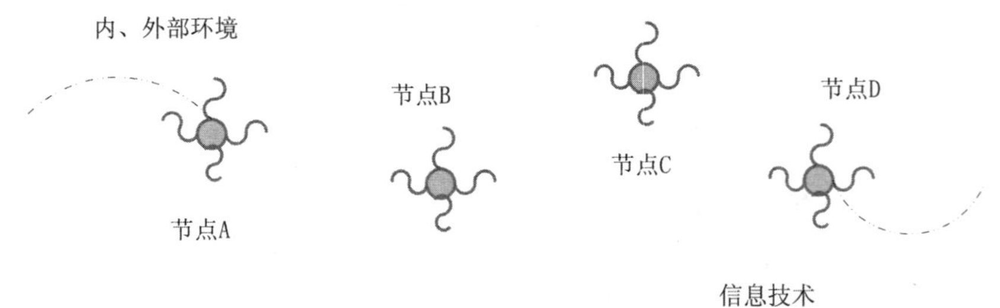

图 4.5　价值星系节点概念模型

2. 商务网络信息生态链整链价值链

商务网络信息生态链整链价值链是从中观角度对价值链的阐述，链上主体包含多种类型的企业，但研究主要在于商务网络信息生态链的价值链，所以将商务网站作为研究的核心，其他主体作为为之服务的上下游企业。

商务网络信息生态链价值链是依附于商务网络信息生态链而存在的。商务网络信息生态链在发展的过程中有多种形态，比较有代表性的有：一对一模式、一对多模式、多对一模式。因此，商务网络信息生态链整链价值链也应有三种模式。

而对整链价值链来讲，其概念模型可参考图 4.6 所示。

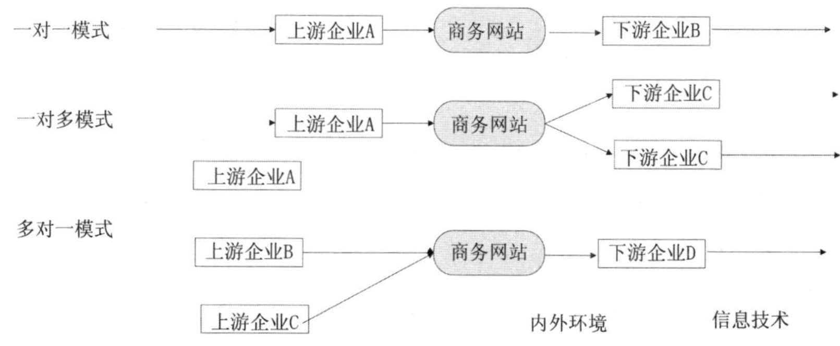

图 4.6　商务网络信息生态链整链价值链概念模型

3. 商务网络信息生态链价值星系

价值网络是整链价值链上的主体在外界环境变化和自身追求利益最大化的目标的驱使下，分裂整合形成的，即将一体化的价值链条结构逐渐裂变成若干相对独立的价值节点，通过各价值节点的横向集中、整合以及功能的增强，形成多个相对独立运营的节点，这些节点各自扮演着不同的角色，如规则设计节点、系统集成节点、供应商节点等，进而形成的对产业系统动态分化、整合，使价值链条顺序上的上下游关系转化为模块化空间立体网状关系。

价值网络不同于节点价值链和整链价值链的相对独立性，它是多节点和多条价值链的集合体，价值网络中存在许多小的以某个主体为核心的小价值网络。对其进行抽象化，可以得到价值星系模型。

正如生态学中存在的“生态位”、信息生态学中的“信息生态位”概念一样，价值星系中的各节点同样存在“生态位”，生态位的高低主要取决于节点所拥有的资源等级的高低。

工地、物质资本、自然资源、规模、劳动力属于基础资源同时也是低位资源。技术、转悠技术、专利、知识是中位资源。组织能力、技术标准、品牌、商标、商誉、市场网络、顾客关系是高位资源。拥有高位资源的这个核心节点被称为恒星企业，它具有绝对优势，能够引领所在星系的发展趋势和制定星系规则。在恒星企业外层的企业被称为行星企业，这类企业与恒星企业紧密相连，具有相对优势，能够完成星系中的部分资源的整合，行星企业一般包括一级供应商及相关群体和一般供应商及群体。在行星外侧的企业被称为卫星企业，它有低位资源，虽不能控制星系走向，但可以做基本任务，为整个星系服务。

所以，价值网络从形成上和功能上是系统化的。具体研究商务网络信息生态链价值网络过程，可参考其概念模型如图 4.7。

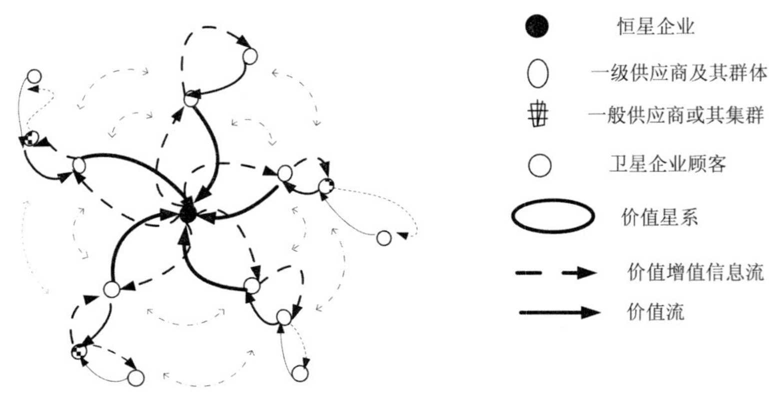

图 4.7　价值星系概念模型

4.3.3　商务网络信息生态链价值模型

1. 商务网络信息生态链节点价值链

商务网络信息生态链价值链的研究，主体涉及多种类型的企业，但本书主要是以商务网站为主要研究点，节点价值链模型主要有两种：一种是微观节点商务网站的价值链模型；另一种是宏观层面上的以价值星系为节点的节点价值链模型。

（1）节点是商务网站的节点价值链模型

商务网站的价值链主要是以个体为中心，所以借鉴传统的价值链理论，将商务网站价值形成过程分成三个层次，分别是战略层、战术层、操作层。

在战略层中，商务网站受到经济、政治、社会、法律、信用、物流环境等外部环境的影响，在相关理论如计算机理论、电子商务理论的指导下结合其所处的环境制定相应战略。

在战术层，在信息系统环境、信息资源环境、信息文化环境的影响下，在相应运行机制如协同机制、循环机制、合作机制、共享机制、安全保障机制、引导机制、反馈机制、竞争机制、价值机制的作用下商务网站与上游供应商、下游顾客，服务企业如支付宝、物流企业相连接，商务网站中扮演不同角色的信息主体，通过接收交易信息、评价信息等信息资源，经过信息生产者、信息序化者、信息传递者、信息消费者、信息分解者将其转化为生态化的交易信息、物流信息、资金流信息等，商务网站根据交易形式制定战术，实现价值最大化。

在操作层，物流、招商、售后服务等是整个商务网站的价值实现的基础工作。此外，商务网站价值的创造还离不开信息技术、生态化技术、网站基础设施的支撑。

图4.8构建了商务网站信息生态链节点价值链模型。

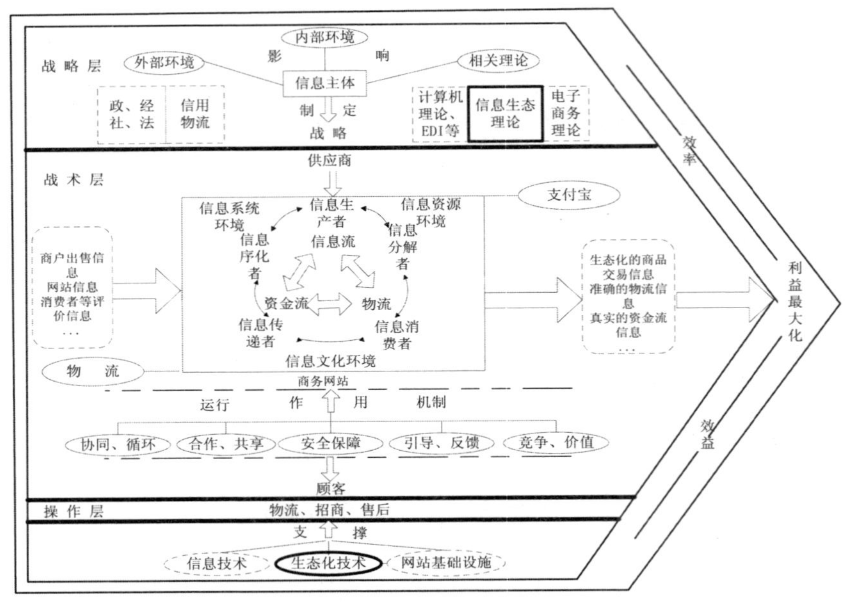

图 4.8　商务网站信息生态链节点价值链模型

（2）以价值星系为节点的节点价值链模型

商务网络信息生态链除了节点价值链之外，还有整链价值链和价值网络，价值网络中又包涵诸多小的、以某个节点为核心的价值网络，将其抽象出来为价值星系模型，价值星系只是价值网络的一种表现形式，价值网络中含有数目庞大的价值星系。因此，整体上看，价值星系也是价值网络中的节点，关于价值星系模型的构建主要在商务网络信息生态链价值星系模型中进行概述。

2. 商务网络信息生态链整链价值链

商务网络信息生态链整链价值链模型是依附于商务网络信息生态链存在的，生态链所具有的模式价值链也具有，在商务网络信息生态链发展过程中，存在多种模式，比较有代表性的有一对一模式、一对多模式、多对一模式。商务网络信息生态链价值链在发展过程中也存在这些模式。图 4.9 就详细地给出了商务网络信息生态链整链价值链的一般化模型。

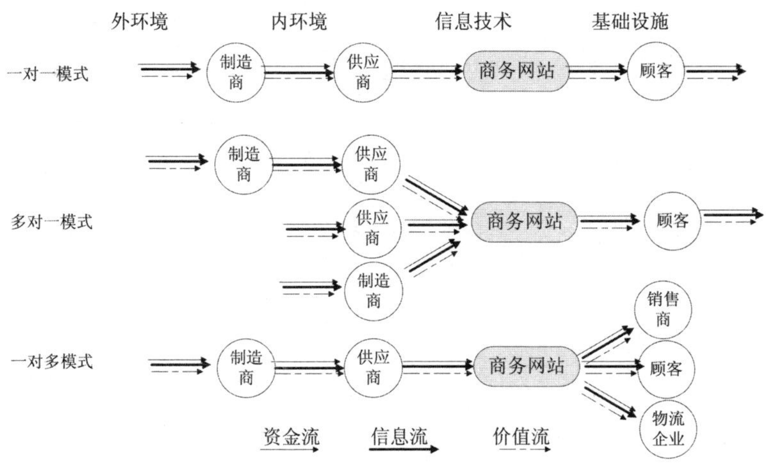

图 4.9　商务网络信息生态链整链价值链模型

3. 商务网络信息生态链价值星系模型

价值星系是由核心企业在外部环境如经济环境、政治环境、社会环境、信用环境、物流环境的影响下，在信息技术的支撑下，与供应商、研发公司、服务公司、竞争对手、战略联盟、销售商、物流公司、顾客等利益相关者构成的一个类似星系的价值创造体系。通过对企业间的资源、知识与关系进行重塑，价值星系各成员企业共创价值、共享成果，构建了商务网络信息生态链价值星系模型，如图 4. 10 所示。

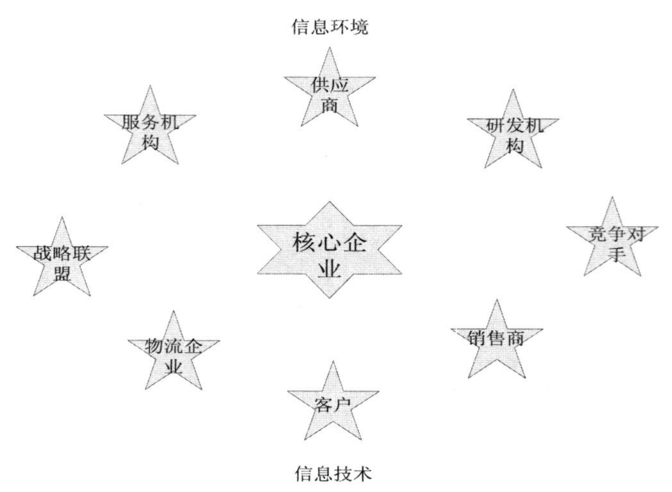

图 4.10　商务网络信息生态链价值星系模型

4.4　本章小结

综合第三章商务网络信息生态链的论述，此章就商务网络信息生态链价值的基础性要素、产生机制和价值模型进行了细致的讨论。第一，阐述了商务网络信息生态链价值的含义、层次、性质、种类以及其价值链的含义与特点；其次，基于耗散结构理论分析了商务网络信息生态链的耗散结构特性，而后对本生态链价值产生的动态因素全面解读，同时建立起生态链价值产生的架构体系。接下来又深入地对商务网络信息生态链价值产生过程展开讨论；在章节的最后，完成了商务网络信息生态链价值模型的创建。

本章主要的研究内容与得出的结论：

（1）阐明了商务网络信息生态链价值和它的价值链基本含义，明确了本书所要研究的主体，并讨论了后者所具备的特点属性。

（2）参照在商务网络信息生态链价值的形成过程中耗散结构理论应用实例进行了分析，找到了价值形成的动因，构建了价值形成的框架模型，通过微观、中观和宏观三个角度对商务网络信息生态链价值形成的演化问题进行了分析。

（3）分析了商务网络信息生态链价值模型的类型，主要包括：节点价值链、整链价值链以及价值星系。

（4）分别构建了商务网络信息生态链节点价值链模型、整链价值链模型以及价值星系模型，对接下来的研究奠定了模型基础。

第5章

商务网络信息生态链价值协同创造的系统动力分析

系统动力学主要研究具有多重反馈的非线性系统的理论和方法，主要应用在社会经济学中的各领域。从系统整体角度入手，寻找存在于系统内部的影响因素，通过分析系统的动态变化过程以及各影响因素之间的关系，在信息状态不完备的情况下解决复杂问题。用系统动力学方法研究高技术企业技术创新网络应当有很好的适用性及发展趋势预测性。

商务网络信息生态链价值链发展至今，各节点之间关系错综复杂，主要以价值网络的形式存在，而价值网络可以用价值星系模型来阐释。因此，本书以系统动力学的理论为基础，通过对商务网络信息生态链价值星系的构成变量进行归纳和阐释，得出价值星系运行过程的因果关系图和流程图，最后构建商务网络信息生态链价值星系运行过程模型。

5.1 商务网络信息生态链价值创造的影响因素分析

商务网络信息生态链价值链的运行是一个非常复杂的过程，运行过程中的每一个环节都会影响整个价值网络的应用效果。本书基于价值链理论，结合商务网络信息生态链价值链的实际结构，从微观节点价值链和宏观价值星系两个角度分析出商务网络信息生态链价值链运行的影响因素。

5.1.1 商务网站信息生态链价值创造的影响因素

商务网络信息生态链价值链上研究的主要对象是商务网站。所以，想要全面剖析商务网络信息生态链价值链的运行过程，对节点价值链的运行过程的分析是不可或缺的。

通过对节点价值链即商务网站运营过程的分析，发现影响其价值的因素主要有以下几点：商务网站营销能力、顾客忠诚度、物流成本、商务网站研发能力、商务网站投资、顾客服务水平、生产成本、网上采购成本、网站信息水平。

（1）商务网站营销能力

在电子商务环境交易模式下，减少了传统交易模式中的很多中间环节。而且由于商务网站能突破时间、空间上的限制，在线销售到更大的市场。因此，若想获得利益最大化，营销能力是必不可少的。

（2）顾客忠诚度

顾客忠诚度不仅是对商务网站的一种信赖和肯定，更能为商务网站带来长久的利益，是商务网站可持续发展的必要条件。

（3）物流成本

物流支撑着商务网站的正常运行，物流活动分为商务网站的内部物流和外部物流活动，物流成本在总成本中占有相当大的比重，物流成本的大小直接影响着商务网站的利润。

（4）商务网站研发能力

因为市场需求的不断变化，个性化服务趋势越来越凸显，新产品或服务的研发能力对销售产生了重要影响。用户的忠诚度受到网站研发能力的影响，研发能力强的网站，用户满意度高，自然忠诚度就高。

（5）商务网站投资

商务网站是一个开放的、动态的系统，在运营的过程中，为了达到提高顾客满意度，价值最大化的目标，需要不断完善自身，这就是商务网站投资，比较有代表性的有：人力资源投资、信息技术投资、营销能力、研发能力的投资等。

（6）顾客服务水平

商务网站是通过网站在线与顾客进行沟通，响应客户的时间、服务质量的高低对网站的运营意义重大，直接影响到客户的满意度和忠诚度。

（7）生产成本

商务网站应具备应对市场环境快速变换的能力，根据客户各种个性化需求来调整生产。在满足客户需求的前提下，如何控制产品的生产成本将直接影响到制造企业的最终利润。

（8）在线采购成本

在电子商务环境下，一些制造型企业通过商务网站进行采购。在线采购价格偏低、选择广泛。在线采购成本的高低直接影响企业的选择方向，成本低自然会吸引企业的入驻，商务网络信息生态链价值也会增加。

（9）网站信息水平

商务网站面向的客户包括产品购买者和供应商，交易的成功完成需要信息技术的支持。商务网站的交易质量直接影响其在线销售和在线采购，商务网站的运行需要企业内部信息系统的支持，信息化水平的高低直接影响到商务网站的运行。

5.1.2 价值星系价值创造影响因素

商务网络信息生态链价值星系是商务网站价值链的宏观层面，研究对象不再是单个网站，而是商务网站和诸多与之相关联的企业。影响商务网络信息生态链价值星系的因素主要有以下几点：节点信息化程度、价值网络可持续发展程度、节点关联度、人力资源、信息基础设施、信息资源、客户协同、销售协同、物力协同、生产协同、市场制度、社会制度、政府制度、技术共享、技术创新。

因为价值星系的影响因素会与商务网站的影响因素有部分交叉，下面主要针对比较有代表性的影响因素进行分析。

（1）节点信息化程度

节点信息化程度主要指企业以业务流程的优化和重构为基础，在一定的深度和广度上利用计算机技术、网络技术和数据库技术，控制和集成化管理企业生产经营活动中的各种信息，实现企业内外部信息的共享和有效利用程度。价值星系中节点信息化程度主要包括：节点信息费用占信息化支出比例和节点信息化预算占年度营业收入比例。

（2）节点关联度

节点关联度主要是指价值星系中两个企业间的关联程度。价值星系中节点关联度主要包括：节点联结强度、节点联结密度和节点联结广度。

（3）可持续发展程度

价值星系中各企业都在追求稳定地、可持续的健康发展。而衡量这一程度的要素主要包括：价值星系适配程度和价值星系稳定程度。

（4）人力资源

人力资源指一定时期内组织中的人所拥有的能够被企业所用，且对价值创造起贡献作用的教育、能力、技能、经验、体力等的总称。在价值星系中人力资源主要体现在五个方面：员工教育程度、员工信息化水平、员工满意度、员工培训程度、人员结构良好程度。

（5）信息资源

信息资源指在企业生产及管理过程中所涉及的一切文件、资料、图表和数据等信息的总称。在价值星系中信息资源主要体现在三个方面：专利、著作、商标情况，价值网络节点信息和知识分享程度以及数据库的使用程度。

（6）信息基础设施

信息基础设施指为企业间信息资源的良好交互所安装系统或设备。在价值星系中信息基础设施主要包括：计算机基础设施的安装程度和信息系统的使用程度。

（7）客户协同

客户协同是指价值星系中上下游节点之间的协同作用，高效率的协同不仅可以减少时间成本，还可以创造更高的价值。其中顾客满意度和顾客忠诚度的提高是客户协同的有效保障。

（8）生产协同

生产协同是价值星系可持续发展的根本，价值的来源就是生产运营过程，生产协同主要是指价值星系中节点与上下游交易期间的稳定性、节点与上合作伙伴交易频率稳定性、节点与合作伙伴互动关系良好、节点与合作伙伴互动关系持续。

（9）销售协同

销售协同是在生产协同之后的又一重要的价值创造过程，它关乎价值能否最终实现。在星系中的节点根据自身的选择通常有相对固定的合作伙伴，要想与合作伙伴长期可持续地进行交易过程，主要是与合作伙伴达成互惠互利的契约，这就是合作伙伴间的互惠互利程度。

（10）物流协同

物流协同是商务网络信息生态链价值链的一个显著特征，它是电子商务发展过程中不可或缺的一环，它在销售环节之后，是价值实现的重要过程，其中订单的流速和订单的流量是物流协同是否高效的衡量指标。

（11）市场制度

市场制度是市场经济中客观存在的一种经济制度，它是一双看不见的手，调控着市场中各经济体的发展和走向，其中尤为显著的就是契约制度和竞争制度，无时无刻不在影响着价值星系以及价值星系中节点的经营和发展。

（12）社会制度

社会制度并不像市场制度那样客观，它更多的是一种文化、道德方面的调控，对于节点企业来说，声誉对于其生存和发展至关重要，因此声誉治理可以起到约束节点企业的作用，进而调控市场的不良风气。文化治理和声誉治理有着类似作用，都是通过价值观、道德层面对企业进行约束。

（13）政府制度

政府制度是除市场制度和社会制度之外，国家参与调控的一项制度，不同国家的制度会有不同，相应的政策也会不一样，但政府制度所用的手段都是通过颁布政策进行调控，起到的作用都是协调治理经济的作用。

（14）技术共享

技术共享是价值星系中节点在技术上合作的一种表现形式，通过技术的共享可以缩短新技术研发带来的时间成本、经济成本，最终实现以尽可能低的代价获取更多的价值。

（15）技术创新

技术创新是指利用现有的知识、技术、工具等进行新技术的研发，技术创新不是技术开发和技术利用的简单加总，而应是二者实现 1 + 1 > 2 的效果。

5.2　商务网络信息生态链价值创造影响因素因果关系图

系统动力学结构。系统动力学强调着“反馈”，反馈的运作能产生系统的成长、目标追求或振荡。反馈分两种，一种是正反馈，另一种是负反馈。其关系和表示方法如表 5.1 所示。

表 5.1 正负反馈的关系和表示方法

图示	说明
X→Y +	当 X 的数量增多（减小）时，Y 数量会随之增多（减小）。
X→Y—	当 X 的数量增多（减小）时，Y 数量会随之减小（增多）。

通过正负反馈的方法，根据找到的影响商务网络信息生态链价值链价值实现的因素，可以利用因果关系图对商务网站和价值星系的价值增值过程进行分析。

5.2.1 商务网站信息生态链价值创造影响因素因果关系图

商务网站价值链是一个复杂系统，商务网站运行的各种影响因素之间是相互联系、相互作用的，本书利用系统动力学来分析这些影响因素的因果关系。根据研究发现：商务网站线上销售额、研发能力、商务网站信息化水平、人力资源管理水平这些影响因素与商务网站效益之间是正相关的。成本类指标如物流成本、生产成本和在线采购成本与商务网站之利益间是负相关的。商务网站营销能力、客户忠诚度与在线销售额之间是正相关的。客户忠诚度与客户服务水平之间是正相关的。商务网站的投资与其效益之间是正相关的。商务网站营销能力、研发能力、客户服务水平、人力资源管理水平和企业信息化水平这些影响因素与企业的投资之间是正相关的。企业信息化水平和客户服务水平这些影响因素与在线采购成本之间是负相关的。

商务网站价值链因果关系图如下图 5.1 所示。

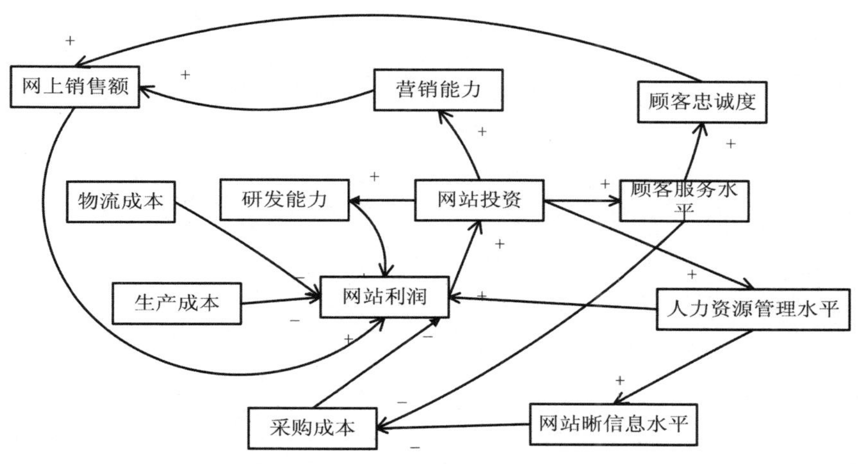

图 5.1　商务网站价值链的因果关系图

5.2.2　价值星系价值创造影响因素因果关系图

价值星系的影响因素与商务网站的影响因素及有联系也有区别，价值星系作为整体来研究，发现其影响因素与价值星系价值的总价值、价值创造、价值分配的关系如下：

价值创造增加价值星系价值总量，价值分配会减少价值星系价值总量。其中节点信息化程度、价值网络可持续发展程度、节点关联程度、人力资源、信息基础设施、信息资源、客户协同、销售协同、物力协同、生产协同、市场制度、社会制度、政府制度、技术共享、技术创新与价值星系价值量呈正相关。信息基础设施建设、员工信息化水平、节点信息化费用支出、节点信息话预算、员工培训程度与价值星系总量呈负相关。

价值星系价值创造、价值分配的因果关系图如图 5.2 所示：

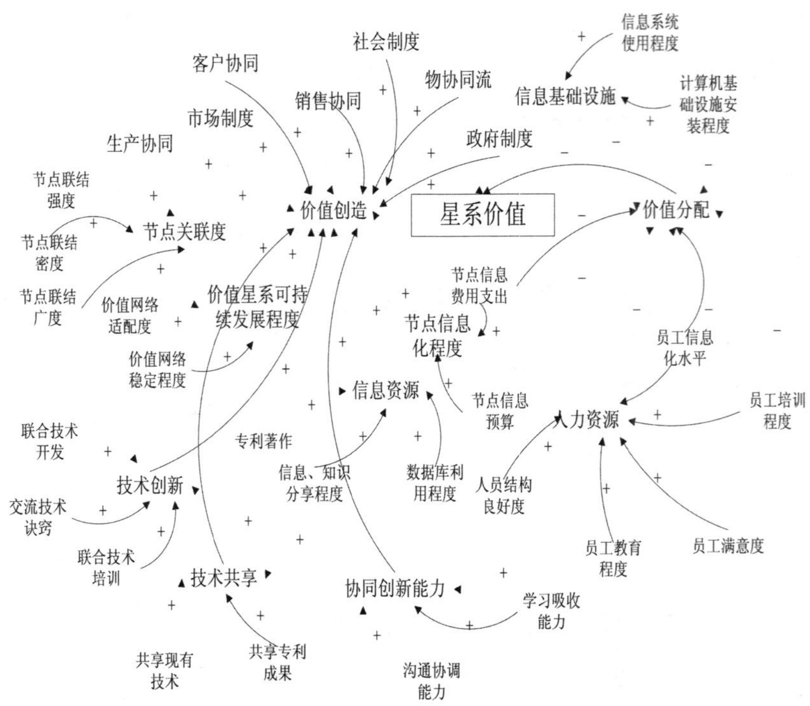

图 5.2　价值星系价值创造、价值分配的因果关系图

5.3　商务网络信息生态链价值创造过程系统流图

作为组成系统动力学模型的重要部分，系统流图是对社会系统的动态行为的描述。其主要有以下要素所构成：积量、率量、流、漏、源、辅助变量、物质以及信息流等。通过对上述元素进行有效结合，我们能够得出最终的全系统流图。所以，一个完整的系统流图的绘制需要建立在对上述构成要素的内涵有效理解的基础之上。

（1）积累变量

积累变量表示真实世界中，可随时间递移而累积或减少的事物，其中包含可见的，如存货水平、人员数；与不可见的，如认知负荷的水平或压力等，它代表了某一时点，环境变量的状态，是模式中资讯的来源，是系统中最重要的变量。

（2）速率变量

率量表示某一个积量在单位时间内量的变化速率，它可以是单纯地表示增加、减少或是净增加率，是资讯处理与转换成行动的地方。

将变量连接的方式就是流，系统动力学将组织中的运作，通常以六种流来加以表示，包括订单流、人员流、资金流、设备流、物料流、信息流，这六种流归纳了组织运作中所包含的基本结构。

（4）辅助变量

辅助变量是指系统中除积累变量、速率变量之外的其他变量或常数，是起辅助作用的，一般用于中间计算过程的变量。

（5）源、漏

系统流图中的抽象概念，用来虚拟表示系统中积累变量的发源地和消失地，无容量和大小的限制。

为了彻底剖析商务网络信息生态链价值链的运行过程，本书仍从节点商务网站和宏观价值星系两个角度利用系统流图进行分析。

5.3.1　商务网站信息生态链价值创造过程系统流图

要建立起系统流图，首先应当找到积量、率量等基本构成元素。通过研究，笔者发现对于网站价值链而言，积量为网站价值量，而率量包括年创造价值量、年减少价值量。此外，辅助变量则包含线上销售额，用户忠诚度，研发及营销能力，人资管理、信息及客服水平，网站投资，网购、生产及物流等相关成本。最后，运用 Stella 9.1.4 绘制出如图 5.3 所示的系统流图。

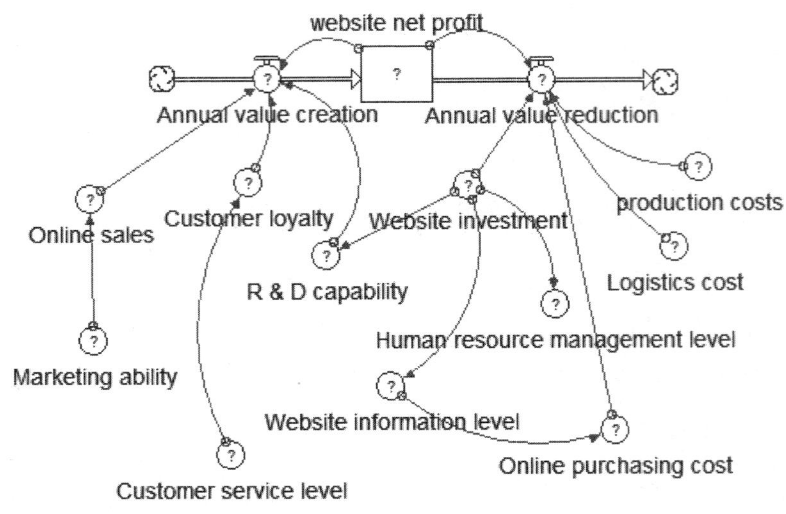

图 5.3　商务网站价值链系统流图

5.3.2　价值星系价值创造过程系统流图

要建立起价值星系的系统流图同样需要明确其累量、率量、辅助变量等基本构成元素。

经过研究发现，价值星系系统流图中的积累变量为价值星系价值总量。速率变量为星系价值创造量、星系价值分配量。辅助变量包括：节点信息化程度、价值网络可持续发展程度、节点关联度、人力资源、信息基础设施、信息资源、客户协同、销售协同、物力协同、生产协同、市场制度、社会制度、政府制度、技术共享、技术创新。

同样利用 Stella. 9.1.4 软件绘制出价值星系的系统流图如图 5.4 所示。通过从微观商务网站价值链和宏观价值星系两个角度，利用因果关系图和系统流图，可以很清楚地看到在商务网络信息生态链运行过程中价值实现的影响因素。

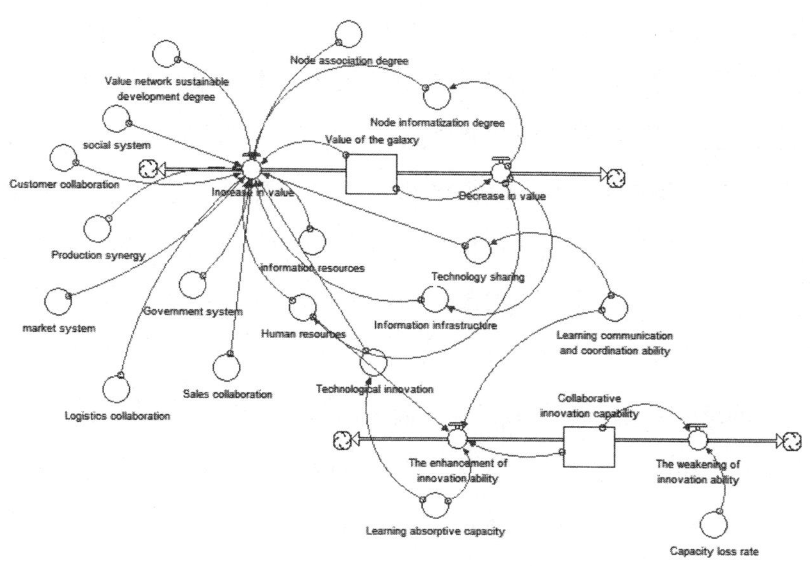

图 5.4　价值星系系统流图

5.4　商务网络信息生态链价值星系运行过程模型

利用系统动力学的观点，对节点价值链和价值星系在运行过程中的价值创造和影响因素进行了剖析，但却没有对商务网络信息生态链价值链的运行机制、运行过程进行整体的阐述。因为价值星系更能代表当今商务网络信息生态链的存在形式，所以本章主要通过对价值星系的运行机制、运行过程进行分析，构建价值星系运行过程模型。

5.4.1　价值星系运行机制

运行机制是指在人类社会有规律的运动中，影响这种运动的各因素的结构、功能及其相互关系，以及这些因素产生影响、发挥功能的作用过程和作用原理及其运行方式。在生态学中，机制是指生物体在结构上的各个组成部分之间的相互关系，以及各个组成部分之间存在发生的各类变化在物理及化学层面的性质与相互关联。对该词的理解需要把握两方面要点，其一机制的存在以系统各个组成要素的存在为前提，既然系统组成要素存在，就需要有机制去协调其各个组成部分之间的关系；其二是对系统组成要素之间关系的梳理一定是一种相对具体化的运行方式，因为机制发挥作用的前提是以一定的运作方式把系统的各个组成要素关联起来，最终才是它们得到协调的运行。

商务网络信息生态链价值链是在商务网络信息生态链基础上建立起来的，信息生态链具有的运行机制，价值链也应具备。经过对价值星系的分析，总结出价值星系具有的运行机制主要有：成长机制、平衡机制、合作竞争机制、协同机制、可持续发展机制。

（1）成长机制

指价值星系中各节点之间通过相互协调，在复杂的网络环境中逐步稳固商务网络信息生态链价值链结构，使链体系统由无序到有序、由低级到高级、由不平衡到平衡的动态演进过程。

（2）平衡机制

从微观角度来看，价值星系平衡是链上信息在流转过程中所表现出的均稳态。从中观角度来看，价值星系平衡是链上节点商务网站在链体内部环境中所表现出的他感均稳态，即信息主体之间多方面的相互协调。宏观角度的分析，是将价值星系放到整个网络经济环境中进行考察，价值星系的构建应满足网络经济体系的发展要求。此时平衡表现在系统内部与外部环境之间的进化均呈现稳态，它是价值星系平衡的最高层次。

（3）可持续发展机制

价值星系内部环境的可持续发展需要链体内部各组成要素之间的通力合作，可持续的链体环境不仅有助于信息价值的提高，也为节点的成长提供了良好的生存环境。

（4）合作竞争机制

价值星系的合作竞争机制是优于传统意义“合作”与“竞争”机制的一种更高层次上的竞争机制。价值星系的合作竞争机制所强调的绝非是将竞争对手置于死地，而是从节点商务网站自身成长与发展角度及信息资源的合理化配置角度出发，促进并激励节点商务网站间形成一种可持续发展的关系，从绝对的对抗性竞争走向合作。

（5）协同机制

价值星系的协同是指在不同的运行机制控制下呈现出的生命体整体性特征之间的协同关系。与点协同相同，价值星系在成长机制、平衡机制及可持续发展机制控制下所获得的不同生命体态，应在链体实际运行过程中相互融合、渗透，最终以最佳经济体状态在网络空间中进行运作。

5.4.2　价值星系运行过程模型

价值星系是一个动态、开放的系统，节点与节点之间由于合作竞争关系会偶尔连接在一起，节点成员并没有秉承某种长期契约合作关系，而是根据外界环境变化、自身利益驱使自发地整合在一起，最终形成了以某个节点为核心的小价值网络，在价值实现之后，理论上讲这个小价值网络又会回到最初状态，连接程度会相对减弱，也就是说价值星系并不是一成不变的。

价值网络中的节点具有各自不同的“生态位”。具有高位资源的节点，相应的信息势能高、竞争能力强，比较容易成为价值星系中的恒星企业，引领着整个价值星系的走向。具有中位资源的节点，所具有的信息势能、资源、竞争能力都相对减小，被称为行星企业，它与恒星紧密相连，对整个价值星系起到帮助整合的作用。拥有地位资源的节点，竞争能力偏弱、信息势能较低，它通常是听从来自恒星和行星命令的节点，具有基础资源，负责生产工作。还有一类节点，我们称之为边缘节点，这类节点的特点主要是它的不确定性，由于它们所具有的信息势能低、资源较小或者关联程度低，它们有时会被星系所用，有时会被淘汰，因此具有不确定性。

价值星系的运行过程，其实就是价值星系价值创造、价值流转、价值分配的过程。价值星系在形成前，具有不同信息势能、不同等级资源的节点散落在价值网络中，节点之间因为利益关系相互关联。当受到外界环境的变化、生产资料的输入、消费者的个性化需求等因素的影响之后，在价值最大化这一利益目的的驱使下，合作变得规范起来，经过节点之间的博弈，逐渐形成了星系。星系形成发展过程中不断受到运行机制的影响和制约，在信息技术的支撑下，信息流由核心节点向边缘节点方向流动产生知识溢出，卫星企业和行星企业吸收知识，协同生产，信息流、价值流、资金流不断在星系中流转，最后实现价值。价值实现之后，根据节点所处生态位和星系中价值分配规则，使价值流向每个参与其中的节点。价值星系的整个价值过程完成后，理论上星系又会回到最初彼此偶然连接的情况，星系解散，但实际价值的创造、流转、分配过程是连续不断进行的，价值星系在完成一项价值活动时也在同时完成诸多价值活动，因此，价值星系将会保持了一个相对稳定的状态。

通过构架价值星系模型，分析影响运行过程的相关因素，并阐释运行机制，价值星系运行过程模型得以建立。具体如图 5.5 所示。

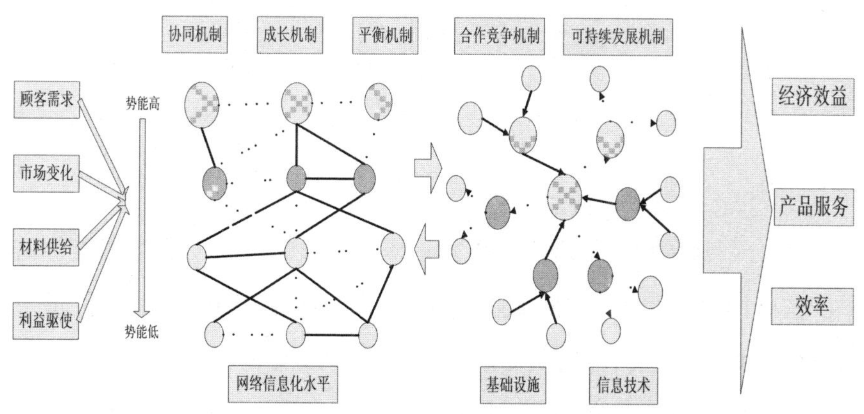

图5.5 价值星系运行过程模型

根据上图可得，商务网络信息生态链中的节点在构成相对稳定的价值网络之前，彼此之间存在着合作或是竞争的关系，在收到如顾客需求、材料供给、利益驱使、市场环境变化等外界刺激时，各节点根据自身所具有的资源等级、信息势能的高低，在协同机制、成长机制、平衡机制、合作竞争机制、可持续发展机制的作用下，在信息技术、网络基础设施、网络信息化水平的推动下，各节点经过反复博弈，逐渐形成了以某个节点为核心的价值网络，信息流、资金流、价值流在这个网络中不断流转，最终，从这个价值网络中产生经济效益、产品服务、效率。这就是商务网络信息生态链价值网络的整个运行过程。

在分析了商务网络信息生态链价值、商务网络信息生态链价值链的内涵，从微观和宏观两个角度分析了影响价值创造的因素，并分析了价值星系的运行过程。虽然已经清楚的了解价值是如何产生的以及价值产生过程中各节点的运动过程，但却没有对商务网络信息生态链价值模型进行剖析，下面本书将会对商务网络信息生态链的价值协同创造进行剖析。

5.5 本章小结

本章分别从微观和宏观方向出发，探析了影响协同创造生态链价值的相关因素，同时采用因果关系的方法分析了影响商务网站以及价值星系中创造价值的相关因素，并绘制完成了系统流图以及因果关系图。此外，本章还探究了价值星系的相关运行过程，分析了其运行机制，并最终构架了其运行过程模型。

本章研究工作和结论：

（1）探析了影响商务网站以及星系价值创造的相关因素。并总结出影响前者的主要因素包括用户忠诚度，网站在营销、研发以及投资等方面的综合能力，网站信息及客服水平，网上采购、生产以及物流成本。而对后者具有影响的因素则为整个生态链。价值星系对价值链进行宏观观察的角度，其不再将研究对象局限于单个网站，而是扩充到网站及其全部关联企业。笔者总结认为影响价值星系的因素主要为：节点的信息化度、关联度以及持续发展程度，客户、物力、生产以及销售协同，人力资源，信息基础设置，市场、社会以及政府制度，技术创新与共享等。

（2）通过绘制因果关系图以及系统流图，更加直观、明确地阐释了价值创造的全部过程。

（3）分析了生态链价值信息的运行机理，并得以构建起星系的运行过程模型，还深入探究了星系的运行过程。

第 6 章

商务网络信息生态链价值协同创造关系模型构建及检验

6.1 商务网络信息生态链价值协同创造关系模型构建

公司运营的一个重要目标便是创造价值，有关公司价值创造的探究当前已变成学者们高度关注的一个课题。学者 Lepak 等认为，价值创造会出现在多个层级上，可能是个人，可能是社会，也可能是团体。其中在社会方面，公司会利用和其他单位之间的联系来构成社会体系，从而通过协同效能来获取 1 +1 >2 的价值。

针对价值创造的探究最先来自学者 Porter 对企业价值链条的考究，指出利用经济组织价值链条中的各个价值节点的高效连接与协同，能够用流程化来创造所需价值。伴随社会分工的进一步发展，经济组织自身的价值链条开始越出企业界限，且构成了诸多企业协同的价值链条。价值创造行为也逐步细分，各个地区的企业运用自身的相对优点来减少整个价值链条的经营开支，一同实现价值创造。针对价值创造的探究，研究者们大多立足于内容、形式与过程的层面来认知。

立足于内容层面而言，价值创造是利用企业间互相协调所得到的附加值。立足于方式层面而言，价值创造是经过协作、兼并、联盟等企业间互动用全新的优化形式来提高资源价值而达成的；立足于过程层面而言，价值创造一般包括企业间联系、互相认可、互相依靠与价值创造4个环节。由此可知，价值创造是在社会大背景下，利用企业间的互相作用优化多种资源且让其自身价值外化的策略活动流程。

6.1.1 商务网络信息生态链价值协同创造影响因素及假设

学者Peng认为，制度不但确定了经济行为的实质，并且还可以对企业的活动产生很大程度的影响。立足于宏观角度，经济社会的制度条件会支撑市场体系的平稳运行，其中的政策鼓励与约束会为公司的经济行为保驾护航；同时，公司为了达成长期发展也需要以科学的企业理论为依托来建立与健全自身的制度机制，从而打造出内部制度环境。为此，不管是在宏观层面运作，还是在微观层面开展，经济组织一直处于一定的制度背景下。因此，商务体系信息生态链中的节点企业也处于一种特定的制度环境中。

因此，本书假设在商务网络信息生态链价值协同创造过程中：

假设H1a：制度协同对商务网络信息生态链价值协同创造有很大程度的影响；

学者Dobni（2010）在探究经济组织的策略协同问题时，指出经济组织在科学策略帮助下，能够扫除革新过程中遭遇的很多不利因素，比如组织文化、市场信息不充分、资源匮乏等，达成协同效应。策略协同是产生联系的两者在策略方面存有互相依托与互相补充的关系，从而促进企业间实施有关资源转换来达成价值创造。因此，在商务网络信息生态链价值创造过程中，本书假设：

假设H1b：战略协同对商务网络信息生态链价值协同创造有很大程度的影响；

假设H1c：资源协同对经济体系信息生态链价值协同创造有很大程度

的影响；

公司由一个独立的组织变成经济社会的一份子，需要与别的企业一同协作来达成一同发展，也就是通过协同来实现价值创造。立足于实践角度而言，经济组织所面对的关键问题是在社会体系中怎样和其他企业构建科学联系来促进达成企业协同，其一方面牵涉到组织本身的长期发展，另一方面还关系到社交体系总体的平稳运行与价值创造。所以，在经济体系信息生态链价值创造过程中，本书假设：

假设 H1d：组织协同对商务网络信息生态链价值协同创造具有显著影响；

技术是促进与支撑经济实体进行企业间协同的一个基本要素，其可以协助经济实体利用企业间沟通形式的革新来提高跨界限企业间交互活动的品质与类型。学者 Jain 也认为，在价值创造过程中运用企业间技术体系的衔接能够节约开支，且推动相互相间的协同关系，为此，在商务网络信息生态链价值协同创造过程中，本书假设：

假设 H1e：技术协同对商务网络信息生态链价值协同创造具有显著影响；

协同创新理论最早来自于 Ansoff，其指出协同指的是单独的部分加以有效归结后构成的组织总体业务状况。另外，协同功能有效单单能够形成价值增多，并且形成价值创造。我国研究者项阳雪指出协同创新的本质价值是价值创造。所以，协同创新能力将会对价值创造造成一定影响。而对协同创新作用的考量能够从沟通调节水平、学习吸收水平 2 个层面实施。学者 Cohen 等（2000）指出学习吸收水平是革新者认知市场新知识、掌握新知识、创造新知识且把其运用到创新行为中的水平，沟通协调水平有助于应对协同创新时碰到的难题尽可能运用资源达成创新。以此为基础，本论文提出下述假设且将沟通调节水平、学习吸收水平视为协同创新能力的组成部分。

假定 H2（a/b/c/d/e）：协同创新能力对战略协同、技术协同、资源协同、制度协同、组织协同和商务网络信息生态链价值协同创造间的关系体现出明显的媒介功能。

6.1.2 商务网络信息生态链价值协同创造的概念模型

经过对现有研究资料的梳理，资源协同、技术协同、制度协同、组织协同、战略协同均很大程度上作用商务网络信息生态链价值的协同创造；协同创造能力作为中间媒介而存在。基于以上分析及所构建的假设，本书建立以下商务网络信息生态链价值协同创造的假设模型，如下图 6.1 所示。

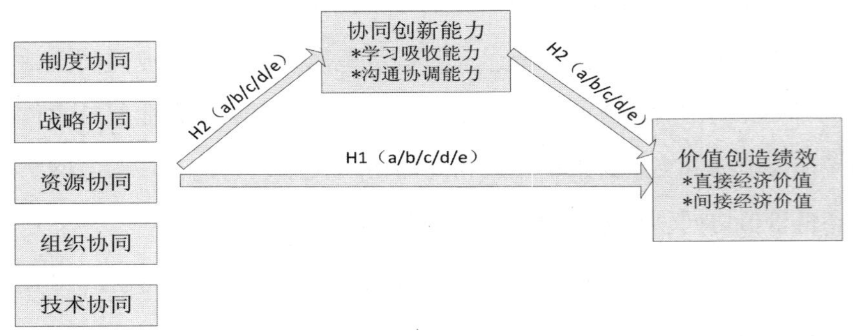

图 6.1 商务网络信息生态链价值协同创造的概念模型

6.2 商务网络信息生态链价值协同创造的问卷设计与分析

6.2.1 问卷设计及可靠性分析

本论文调查问卷运用的是主观感知的方式，采用李克特量表的方式给有关问题评分。Likert scale 是二十世纪三十年代初期美国著名学者 Likert 基于总量表而提出的。李克特量表包括一组陈述，每组陈述有 5 种选项，调查对象依据自我的经历亦或现实状况给出分数，通常在一分到五分的区间内，量表调研的整体分数能够表现其对调研项目的认知亦或在该量表方面的态度。在本论文中，1 分表示特别不同意；2 分表示不同意；3 分表示一般；4 分表示同意；5 分表示特别同意。也就是分数愈多代表对选择的认可度愈高。

本论文的数值是依托调研问卷获取的，问卷的准确性对于探究结果的科学性有决定性作用。本论文的问卷制定大致包含以下步骤：

（1）翻阅诸多研究资料。

（2）对商务网络信息生态链及商务网络信息生态链价值的有关含义加以归纳，且依托耗散结构理念对商务网络信息生态链价值的形成进行了研究，并构建了商务网络信息生态链价值模型。

（3）利用自组织理论对商务网络信息生态链价值协同创造原理加以探究，论述了商务网络信息生态链价值协同创造的动力因素，并构建了协同创造模型。

（4）利用系统动力学的相关理论对商务网络信息生态链价值协同创造的作用要素加以剖析，且构建了影响要素关联图、过程系统流图以及价值星系运行过程模型。

综合以上研究，并征求该领域学者、专家的指导意见，对一些不恰当或者有歧义的问题进行了修正和删减，从而提高了问卷的质量。

将调整后的问卷发放给了一小部分的电商从业者，包含职工和管理人员，目的在于修订问卷中无法准确解读或者存有异议的词句，利用这些人的反馈建议对问卷加以调整、改进，保证问卷项目的简单、容易理解，让调研对象可以更科学的作答。

把改进后的问卷进行试发，此环节中选择的对象是该问卷设计的参与者或有参与过问卷设计和研究经历的人员，包括学校的老师、学长、学弟、学妹等，根据这部分人的反馈意见对调查问卷进行最终的修改。

本调查问卷大致包含四部分内容。第一部分是对此次调研的目标、宗旨加以简要的解释和说明，使填写者明白此次调查的重要性；第二部分是对问卷中出现的相关概念进行界定，便于调查对象更准确地解读问卷中设定的问题，确保调查数据的客观性、准确性；第三部分是对调查对象基础信息的简单调研，此部分内容的初衷是更全面掌握问卷作答者的整体情况；第四部分是问卷的问题部分，该部分内容共计包括问题四十九道，期望能够全方位掌握问卷作答者对探究问题的认知。问卷见附录。

6.2.2 数据收集与样本描述

1. 数据采集过程

本调查对象主要针对企业管理者和高校科研人员，重点调研的企业主要围绕互联网企业以及信息化利用率高的企业，以及在校的本科生，同时也包括部分在校的学生和企业基层员工。

本次调查问卷的发放方式主要有两种：

第一种方式是互联网发放方式，主要依托于微信、QQ、E－mail 等通信手段完成。本研究团队长期与杭州某供电公司合作开展科技项目，依托此资源取得了杭州市余杭区未来科技城的调研资源，在对此科技城进行用电负荷特性调研的同时，开展了此次调研。另外，对于相关领域研究的高校团队也展开了问卷调研。通过互联网共回收有效问卷 209 份，其中有效问卷 141 份，有效率 67.5%

第二种方式是发放纸质调查问卷。依托学院 MBA 及 EMBA 平台，利用学员上课课间休息和中午午休时间，经学院老师的批准和学员们的积极配合展开了问卷的调查工作，针对的主要对象都是各自企业的中高层领导。另外，对本学院及学校相关科研团队进行了问卷调研。纸质问卷共发放 113 份，回收有效问卷 67 份，有效率 59.3%。

2. 调查对象年龄描述

表 6.1 调查对象年龄分布

		频率	百分比
有效	20 岁以下	6	2.9
	20 - 30 岁	44	21.2
	30 - 40 岁	104	50.0
	40 - 50 岁	31	14.9
	50 - 60 岁	15	7.2
	60 岁以上	8	3.8
	Total	208	100.0

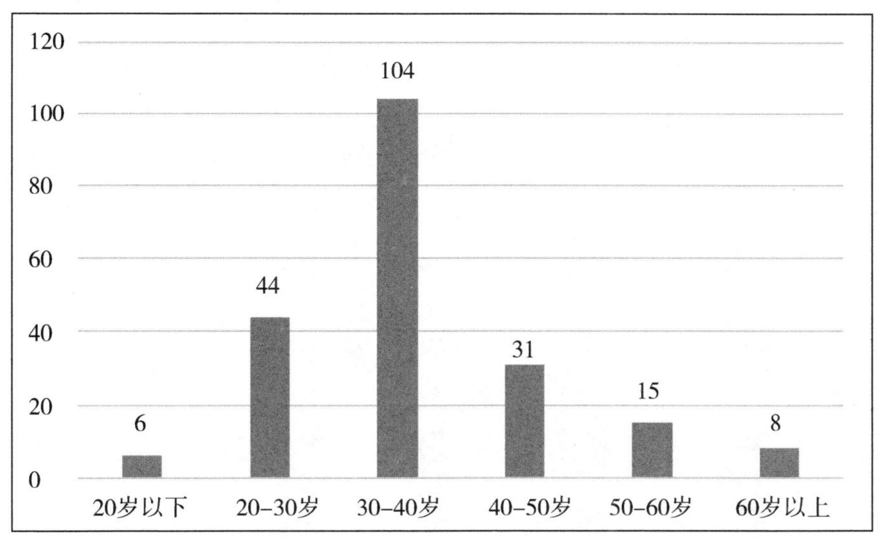

图 6.2 调研对象年龄分布柱状图

如表 6.1 和图 6.2 所示，在 208 份有效问卷的调查对象中，年龄段在 30 - 40 岁的人员有 104 位，占总调查对象的 50%，所占比最高；其次是年龄段在 20 - 30 岁和 40 - 50 岁的人群，分别占调查总对象人数的 21.2% 和 14.9%；20 岁以下的调查人群有 6 个，占总样本人数的 2.9%，是全部年龄段中占比最少的；50－60 岁的有 15 位，所占比为 7.2%；60 岁以上的有 8 位，占总调查对象人数的 3.8%。

3. 调查对象的职位描述

表 6.2　调查对象职业分布

		频率	百分比
有效	科研人员	66	31.7
	企业管理者	71	34.1
	企业员工	36	17.3
	学生	19	9.1
	其他	16	7.7
	合计	208	100

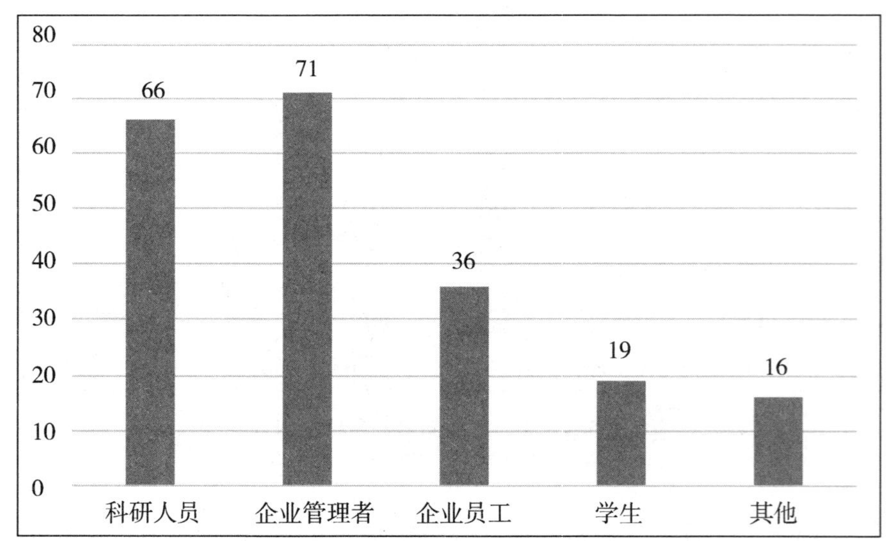

图 6.3　调查对象的职业分布图

由上表可知，在回收的 208 份问卷的作答者中，身份是企业管理者的有

71 名，在调研总人数中占到 34.1%，占比是最高的；其次是科研人员，有 66 人，占比为 31.7%；职业是企业员工和学生的分别有 36 人和 19 人，占总调查对象的比例分别为 17.3% 和 9.1%；占比最少的是其他，仅为 7.7%。

6.2.3 变量的信度和效度检验

1. 变量的信度检验

信度是指问卷量表所检测结果的稳固性和对应性，也就是量表对同一事物或者概念多次检测时，结果是否相同、无过大变动。信度的数值越高，则检测的误差越小、量表越可信。信度可以分成两种，一种是外在信度，一种是内在信度，前者指的是不一样的时间检测时，结果相对应的水平；后者指的是各个变量量表是否检测的是独立概念。本探究和外在信度无关，所以仅测量内在信度。

表 6.3 可靠性统计量

变量	Cronbach's Alpha	项数
价值创造各构成要素	0.942	36
协同创新	0.873	8
协同创造价值	0.875	5
总体	0.958	49

在社会科学的探究中，剖析量表的内在信度，经常使用的检测方式有折半信度、Cronbachα 系数，本论文采用的是后一种方法。通常情况下，α 系数为 0.7 是能够被认可的最低数值，高于 0.8 则能够视为问卷的信度优良。此次探究采用 SPSS19.0 工具，经过核算 Cronbachα 系数来检测调查问卷的信度。整体与每个题目的信度剖析结果详情见表 6.3 和 6.4，由这两个表能够知道，问卷总体与每个题目的 Cronbachα 系数均在 0.85 以上，由此可知该问卷的信度优良，能够继续开展后面的实证剖析探究工作。

2. 变量的效度检验

通常所说的效度，指的是检测结果的有效性，也就是量表可以检测到此量表所打算检测的心理或者活动特点的水平。测量效度的方式大致有两种，第一种是内容效度，第二种是建构效度。其中前者指的是检测或者量表内容、问卷问题的典型性，也就是量表是否能体现所要检测的心理特点，通常以题目设计的科学性来判定，是命题的逻辑剖析；后者指的是量表可以检测出理论的实质或者概念的水平，如果依据理论模型结构制定的量表，调查对象的现实分数通过统计剖析可以全面阐释调查对象的心理态度，则能够视为量表拥有优良的建构效度。

本论文的数字均是问卷搜集的，所以具有很高的内容信度。为此本书用 SPSS19. 0 中的因子分析来分别对本书量表的建构效度进行检验。

（1）价值创造各构成要素的效度分析

表 6. 4　量表的因子分析结果

变量	问题	因子载荷	特征值	解释方差的%
战略协同	Q5	0. 748	32. 556	64. 118
	Q6	0. 629		
	Q7	0. 673		
	Q8	0. 616		
	Q9	0. 635		
	Q10	0. 603		
	Q11	0. 728		
资源协同	Q12	0. 692		
	Q13	0. 634		
	Q14	0. 607		
	Q15	0. 765		
	Q16	0. 645		
	Q17	0. 772		
	Q18	0. 655		

续表

变量	问题	因子载荷	特征值	解释方差的%
资源协同	Q19	0. 621	32. 556	64. 118
	Q20	0. 686		
组织协同	Q21	0. 629		
	Q22	0. 719		
	Q23	0. 723		
	Q24	0. 783		
	Q25	0. 699		
	Q26	0. 695		
	Q27	0. 647		
	Q28	0. 708		
	Q29	0. 777		
制度协同	Q30	0. 667		
	Q31	0. 647		
	Q32	0. 655		
	Q33	0. 758		
	Q34	0. 655		
	Q35	0. 680		
技术协同	Q36	0. 796		
	Q37	0. 609		
	Q38	0. 643		
	Q39	0. 642		
	Q40	0. 670		
KMO 值 =0. 904，卡方值 =4042. 95，P =0. 000				

表 6. 4 是价值创造各构成要素量表的因子分析结果，对其 36 个问项进行 KMO 与 Bartlett 球形检验，其中 KMO 数值和 1 的差距愈小证明愈适宜进行因子剖析，此表获取的 KMO 数值是 0. 904，相应的概率 P 数值基本是 0，球形检测特别明显，表示数值适宜进行因子剖析。然后对 36 个题目实

施因子剖析，获取五个因子，共计阐释了 64.118% 的变异量。然后采用最大方差法加以正交旋转，得出各个问题的因子载荷，其相应题目的因子载荷假如都比 0.5 高，则该变量具有优良的收敛效度，本量表中的因子载荷均高于 0.6，表示数值结果与量表制定的预期一致，问卷体现出优良的建构效度，证明数值有较高的有效性。

（2）协同创新的效度分析

表 6.5　量表的因子分析结果

变量	问题	因子载荷	特征值	解释方差的%
学习吸收能力	Q41	0.788	5.052	63.115
	Q42	0.792		
	Q43	0.698		
	Q44	0.697		
	Q45	0.7.3		
沟通协调能力	Q46	0.755		
	Q47	0.674		
	Q48	0.715		
KMO 值 =0.877，卡方值 =677.869，P =0.000				

表6.5 是价值协同创新量表的因子分析结果，对其8 个问项进行 KMO 和 Bartlett 球形检验，其中 KMO 数值和 1 的差距愈小证明愈适宜进行因子剖析，此表获取的 KMO 数值是 0.904，相应的概率 P 数值基本是 0，球形检测特别明显，表示数值适宜进行因子剖析。然后对八个题目实施因子剖析，获得两个因子，共计阐释了 63.115% 的变异量。然后采用最大方差法加以正交旋转，得出所有题目的因子载荷，该量表中的因子载荷均高于 0.6，证明数值结果与量表制定的预期一致，问卷体现出优良的建构效度，证明数值有较高的有效性。

（3）协同创造价值的效度分析

表6.6 量表的因子分析结果

变量	问题	因子载荷	特征值	解释方差的%
经济价值	Q49	0.823	4.936	78.724
	Q50	0.821		
非经济价值	Q51	0.841		
	Q52	0.810		
	Q53	0.788		
KMO 值 =0.800，卡方值 =532.156，P =0.000				

表6.6是价值协同创新量表的因子分析结果，对其5个问项进行KMO和Bartlett球形检验，其中KMO数值和1的差距愈小证明愈适宜进行因子剖析，此表获取的该数值是0.904，相应的概率P数值基本是0，球形检测特别明显，表示数值适宜进行因子剖析。然后对5个题目实施因子剖析，获得两个因子，共计阐释了78.724%的变异量。然后采用最大方差法加以正交旋转，得出所有题目的因子载荷，该量表中的因子载荷均高于0.6，证明数值结果与量表制定的预期一致，问卷体现出优良的建构效度，证明数值有较高的有效性。

6.3 相关分析

本论文利用SPSS19.0工具对变量间的关联加以剖析，有关剖析是不考虑变量之间的因果关系而只研究分析变量之间的相关方向以及相关程度的一种统计分析方法。Pearson相关系数简单称作相关系数，是用以检测变量间有关强度的系数。为了更有效地体现诸多变量间的关联，本书运用

Pearson 相关系数和双侧检验方法对不同的变量之间的相关性进行分析。

6.3.1 价值创造各构成要素的相关关系分析表

表 6.7 是价值创造组成因素的有关剖析表，由其能够知道在相关系数方面，各个构成要素之间的相关系数小于 0.8，不存在高度相关的情况；在显著性上，各个构成要素之间对应的概率水平都为 0.00，如果显著性水平为 0.01，那么对应的概率水平都小于显著性水平，应该拒绝两者不存在显著相关关系，故 5 个构成要素之间存在显著的正相关关系，为此这 5 个要素权衡价值创造活动是科学的。

表 6.7 价值创造各构成要素的相关分析

		战略协同	资源协同	组织协同	制度协同	技术协同
战略协同	Pearson 相关性	1	.547**	.567**	.499**	.541**
	显著性（双侧）		.000	.000	.000	.000
	N	208	208	208	208	208
资源协同	Pearson 相关性	.547**	1	.767**	.607**	.599**
	显著性（双侧）	.000		.000	.000	.000
	N	208	208	208	208	208
组织协同	Pearson 相关性	.567**	.767**	1	.766**	.623**
	显著性（双侧）	.000	.000		.000	.000
	N	208	208	208	208	208
制度协同	Pearson 相关性	.499**	.607**	.766**	1	.636**
	显著性（双侧）	.000	.000	.000		.000
	N	208	208	208	208	208
技术协同	Pearson 相关性	.541**	.599**	.623**	.636**	1
	显著性（双侧）	.000	.000	.000	.000	
	N	208	208	208	208	208

**. 在 .01 水平（双侧）上显著相关。

6.3.2　协同创造各构成要素与协同创新能力的相关分析

表 6.8　价值创造各构成要素与协同创新的相关分析

		战略协同	资源协同	组织协同	制度协同	技术协同
战略协同	Pearson 相关性	1	.547**	.567**	.499**	.541**
	显著性（双侧）		.000	.000	.000	.000
	N	208	208	208	208	208
资源协同	Pearson 相关性	.547**	1	.767**	.607**	.599**
	显著性（双侧）	.000		.000	.000	.000
	N	208	208	208	208	208
组织协同	Pearson 相关性	.567**	.767**	1	.766**	.623**
	显著性（双侧）	.000	.000		.000	.000
	N	208	208	208	208	208
制度协同	Pearson 相关性	.499**	.607**	.766**	1	.636**
	显著性（双侧）	.000	.000	.000		.000
	N	208	208	208	208	208
技术协同	Pearson 相关性	.541**	.599**	.623**	.636**	1
	显著性（双侧）	.000	.000	.000	.000	
	N	208	208	208	208	208

**. 在 .01 水平（双侧）上显著相关。

对商务网络信息生态链价值协同创造的五个构成要素与协同创新学习吸收能力和沟通协同能力做相关分析，结果如表 6.8 所示，根据表中的相关分析系数可知，资源协同、组织协同、制度协同与学习吸收能力的相关程度高于资源协同、组织协同、技术协同与沟通协调能力的相关程度，战略协同、技术协同与沟通协调能力的相关程度又高于战略协同、技术协同与学习吸收能力的相关程度；在显著性上，各个变量之间对应的概率水平都为 0.00，如果显著性水平为 0.01，那么对应的概率水平都小于显著性水平，应该拒绝两者不存在显著相关关系，故变量之间存在显著的正相关关系，即协同创造的 5 个组成因素和协同创新沟通协同能力、学习消化能够在 0. 01 的水平上体现出明显的正比例关系。

6. 3. 3　协同创新能力与协同创造价值的相关分析

经过对协同创新能力、沟通调节能力、学习消化能力和协同创造价值的经济价值和非经济价值两个方面实施相关性剖析，结果见下表 6. 9。

表 6. 9　协同创造能力与协同创造价值构成要素的相关分析

		学习吸收能力	沟通协调能力	经济价值	非经济价值
学习吸收能力	Pearson 相关性	1	. 712**	. 561**	. 609**
	显著性（双侧）		. 000	. 000	. 000
	N	208	208	208	208
沟通协调能力	Pearson 相关性	. 712**	1	. 636**	. 693**
	显著性（双侧）	. 000		. 000	. 000
	N	208	208	208	208
经济价值	Pearson 相关性	. 561**	. 636**	1	. 711**
	显著性（双侧）	. 000	. 000		. 000
	N	208	208	208	208
非经济价值	Pearson 相关性	. 609**	. 693**	. 711**	1
	显著性（双侧）	. 000	. 000	. 000	
	N	208	208	208	208

**. 在 .01 水平（双侧）上明显关联。

依据上表的剖析能够知道，在显著性方面，协同创新能力沟通调节能力、学习消化能力和协同价值创造的经济价值、非经济价值对应的概率 P 值都小于显著性水平 0. 01，故都呈现显著正相关；在相关程度上，协同沟通能力与经济价值、非经济价值的相关程度都高于学习吸收能力与经济价值、非经济价值的相关程度。

6.3.4 协同创造各构成因素与协同创造价值的相关分析

表 6.10 协同创造各构成因素与协同创造价值的相关分析

		战略协同	资源协同	组织协同	制度协同	技术协同	经济价值	非经济价值
战略协同	Pearson 相关性	1	.547**	.567**	.499**	.541**	.407**	.375**
	显著性（双侧）		.000	.000	.000	.000	.000	.000
	N	208	208	208	208	208	208	208
资源协同	Pearson 相关性	.547**	1	.767**	.607**	.599**	.304**	.349**
	显著性（双侧）	.000		.000	.000	.000	.000	.000
	N	208	208	208	208	208	208	208
组织协同	Pearson 相关性	.567**	.767**	1	.766**	.623**	.328**	.403**
	显著性（双侧）	.000	.000		.000	.000	.000	.000
	N	208	208	208	208	208	208	208
制度协同	Pearson 相关性	.499**	.607**	.766**	1	.636**	.361**	.449**
	显著性（双侧）	.000	.000	.000		.000	.000	.000
	N	208	208	208	208	208	208	208
技术协同	Pearson 相关性	.541**	.599**	.623**	.636**	1	.539**	.477**
	显著性（双侧）	.000	.000	.000	.000		.000	.000
	N	208	208	208	208	208	208	208
经济价值	Pearson 相关性	.407**	.304**	.328**	.361**	.539**	1	.711**
	显著性（双侧）	.000	.000	.000	.000	.000		.000
	N	208	208	208	208	208	208	208
非经济价值	Pearson 相关性	.375**	.349**	.403**	.449**	.477**	.711**	1
	显著性（双侧）	.000	.000	.000	.000	.000	.000	
	N	208	208	208	208	208	208	208

**. 在 .01 水平（双侧）上显著相关。

为验证协同创造能力各构成要素、协同创造价值的经济价值和非经济价值之间的关系，对相应的构成要素做相关性分析，结果如表 6. 10 所示。

通过上表的分析结果可知，协同创造行为的五个构成要素战略协同、资源协同、组织协同、制度协同和技术协同与协同创造价值的经济价值和非经济价值三个维度之间呈现显著的正相关关系。

6.4 回归分析

回归分析可以依据已知的变量（可以是一个或者多个）来预测变量关系中的某一特定变量的值，可以利用数学关系来判断是否与某一变量的相关性显著而与其他变量的显著关系不明显，并能对预测的精确度有所判断。由于本书的所有变量都是分类变量，应该使用 logistic 回归的分析方法。

6.4.1 协同创造各构成要素与协同创新能力的回归分析

通过对相关分析的结果进行分析，可以得知：战略协同、资源协同、组织协同、制度协同以及技术协同在 0. 01（双侧）其具有明显的正相关性质，在显著水平上呈现一致的趋势。因此，需要利用不同的协同创新能力的各个要素为自变量，以协同创新的学习吸收能力、沟通协调能力为因变量进行逐步回归，回归分析的结果如表 6. 11 和表 6. 12 所示：

表 6.11　协同创造各构成要素与学习吸收能力的多元回归分析

模型		非标准化系数		标准系数	t	Sig.	Adjusted R squares
		B	标准误差	试用版			
1	（常量）	.904	.107		8.460	.000	
	技术协同	.536	.053	.573	10.030	.000	0.573
2	（常量）	.602	.126		4.792	.000	
	技术协同	.360	.067	.384	5.393	.000	0.617
	制度协同	.369	.089	.297	4.164	.000	
3	（常量）	.493	.135		3.665	.000	
	技术协同	.307	.071	.328	4.358	.000	0.628
	制度协同	.295	.094	.237	3.127	.002	
	资源协同	.198	.092	.157	2.141	.033	
	战略协同	.148	.088	.116	1.668	.097	
F = 44.235　P = 0.00　DW = 1.699							

a. 因变量：学习吸收能力

从表 6.11 回归估计结果，技术协同、制度协同依次进入了回归方程，而战略协同和组织协同没有进入回归方程。经过逐步回归后第三个模型的 Adjusted R squares 的值为 0.628，可知模型的拟合度较好；模型检验的 F 值为 44.235，对应的概率 p 值显示为 $0.000 < 0.01$，回归效果极其显著。DW 值为 $1.699 \approx 2$，所以不存在序列相关现象。

通过对影响系数进行分析可知：技术协同对学习吸收能力的回归系数是 0.328，制度协同对学习吸收能力的回归系数是 0.237，影响都是正向的，即技术协同、制度协同越好，学习吸收能力越好；在影响显著性上，技术协同、制度协同对学习吸收能力所对应的概率 P 值都为 0.00，小于显著性水平 0.01，应该拒绝自变量对因变量不存在显著的影响，故技术协同、制度协同对学习吸收能力都有显著的正向影响，因此回归效果显著。

表 6.12 协同创造各构成要素与沟通协调能力的分析图

模型		非标准化系数		标准系数	t	Sig.	Adjusted R squares
		B	标准误差	试用版			
1	（常量）	.852	.100		8.510	.000	
	技术协同	.509	.050	57810.158	.000	0.578	
2	（常量）	.584	.118	4.934	.000		
	技术协同	.352	.063	.399	5.605	.000	0.617
	制度协同	.329	.083	.281	3.940	.000	
3	（常量）	.376	.141	2.677	.008		
	技术协同	.294	.066	.333	4.471	.000	0.633
	制度协同	.275	.085	.235	3.249	.001	
	战略协同	.210	.079	.176	2.650	.009	
F = 45.565 P = 0.00 DW = 1.809							

a. 因变量：沟通协调能力

从表 6.12 回归估计结果，通过将技术协同、制度协同和战略协同三大构成要素依次进入回归方程，资源协同和组织协同并不进入回归方程。而资源协同和组织协同没有进入回归方程。经过逐步回归后第三个模型的 Adjusted R squares 的值为 0.633，可知模型的拟合度较好；模型检验的 F 值为 45.565，对应的概率 P 值为 0.00，小于显著性水平 0.05，由于 p 值 <0.05，具有明显的作用。DW 大小是 1.809≈2，综上所得不具有序列的明显特征。通过对影响系数进行分析可知：技术协同对沟通协调能力的回归系数是 0.333，制度协同对沟通协调能力的回归系数是 0.235，战略协同对沟通协调能力的回归系数是 0.176。对沟通协调能力的回归系数分别是 0.333、0.235 和 0.176，影响都正向的，即技术协同、制度协同和战略协同越好，起到的配合效果越好；关于显著性方面，方法、制度和战略三者的相互配合对沟通协调能力所对应的概率 P 值都小于显著性水平 0.01，通过上述分析得出，三者和沟通协调能力的回归值大小在小于 0.01 的情况

下，其能够发挥出更好的效果。

通过分析，得出：

学习吸收能力 = 技术协同 * 0.328 + 制度协同 * 0.237 + 资源协同 * 0.157

沟通协调能力 = 技术协同 * 0.333 + 制度协同 * 0.235 + 战略协同 * 0.176

6.4.2 协同创新能力与协同创造价值的回归分析

综合上述的分析得出下面的结果：构成协同创新能力的主要因素：对先进知识的学习消化能力与合作协同能力位于0.01（两侧）的显著性水平上和合作产生的贡献的经济价值和非经济价值显著相关，所以，有必要对其进行回归分析，结果如表6.13和表6.14所示：

表6.13 协同创新能力对协同创造价值的经济价值的分析图

模型		非标准化系数		标准系数	t	Sig.	Adjusted R squares
		B	标准误差	试用版			
1	（常量）	.571	.130		4.390	.000	
	沟通协调能力	.809	.068	.636	11.823	.000	0.636
2	（常量）	.428	.137		3.122	.002	
	沟通协调能力	.610	.096	.480	6.379	.000	0.654
	学习吸收能力	.263	.090	.220	2.921	.004	
F = 76.714 P = 0.00 DW = 1.928							

a. 因变量：经济价值

从表6.13分析得出结论，文章所分析的方程中包含了相互沟通和彼此之间的合作能力。经过逐步回归后第2个模型的 Adjusted R squares 的值为0.654，可知模型的拟合度较好；模型检验的 F 值为76.714，对应的概率 P 值为 0.00，小于显著性水平 0.05，所以，回归效果显著。DW 大小是 1.928≈2，因此不具有序列的相关特征。相互沟通、彼此之间的合作能力与协同创造价值的经济价值的回归系数显著性均≤0.01，所以回归效果显著。

表 6.14　协同创新能力对非经济价值的多元回归分析

模型		非标准化系数		标准系数	t	Sig.	Adjusted R squares
		B	标准误差	试用版			
1	（常量）	.435	.112		3.869	.000	
	沟通协调能力	.815	.059	.693	13.799	.000	0.693
2	（常量）	.293	.117		2.491	.014	
	沟通协调能力	.619	.082	.526	7.539	.000	0.712
	学习吸收能力	.260	.077	.235	3.369	.001	
F = 105.657　P = 0.00　DW = 1.904							

b. 因变量：非经济价值

从表 6.14 分析得出结论，文章所分析的方程中包含了相互沟通和彼此之间的合作能力。经过逐步回归后第 2 个模型的 Adjusted R squares 的值为 0.712，可知模型的拟合度较好；模型检验的 F 值为 105.657，对应的概率 P 值为 0.00，小于显著性水平 0.01，故总体回归效果显著。DW 大小是 1.904≈2，因此不具有序列的相关特征。相互沟通、彼此之间的合作能力与协同创造价值的非经济价值的回归系数显著性均≤0.01，所以回归方程效果显著。

通过分析，可以得出：

经济价值 = 协调沟通能力 * 0.480 + 学习吸收能力 * 0.220

非经济价值 = 协调沟通能力 * 0.526 + 学习吸收能力 * 0.235

6.4.3　协同创造各构成因素与协同创造价值的回归分析

经过上述对文章的分析得出以下结论：构成合作的主要因素资源协同、战略协同、制度协同和技术协同在 0.01（双侧）显著水平上与协同创造价值的经济价值和非经济价值呈现显著相关，所以，有必要对其进行回归分析，结果如表 6.15 和表 6.16 所示：

表 6.15　协同创造构成要素对经济价值的多元回归分析

模型		非标准化系数		标准系数	t	Sig.	Adjusted R squares
		B	标准误差	试用版			
1	（常量）	.897	.132		6.816	.000	
	技术协同	.605	.066	.539	9.185	.000	0.539
2	（常量）	.599	.181		3.312	.001	
	技术协同	.506	.077	.450	6.526	.000	0.556
	战略协同	.248	.105	.164	2.369	.009	
F = 45.935　P = 0.00　DW = 1.986							

c. 因变量：经济价值

从表 6.15 回归估计结果，技术协同和战略协同依次进入了回归方程，而资源协同和制度协同并没有进入回归方程。经过逐步回归后第 2 个模型的 Adjusted R squares 的值为 0.556，说明已解释变差占总变差的 55.6%；模型检验的 F 值为 45.935，对应的概率 P 值为 0.00，小于显著性水平 0.01，故总体回归效果显著。DW 大小是 1.986 大约是 2，不具有序列的相关特征。技术协同、战略协同和合作创造价值的经济价值的回归系数显著性均小于 0.01，因此回归方程效果显著。

表 6.16 协同创造构成要素对非经济价值的多元回归分析

模型		非标准化系数		标准系数	t	Sig.	Adjusted R squares
		B	标准误差	试用版			
1	（常量）	.980	.127		7.724	.000	
	技术协同	.494	.064	.477	7.781	.000	0.577
2	（常量）	.705	.152		4.639	.000	
	技术协同	.333	.081	.321	4.129	.000	0.613
	制度协同	.337	.107	.245	3.151	.002	
F = 36.548 P = 0.00 DW = 1.853							

d. 因变量：非经济价值

从表 6.16 回归估计结果，技术协同和制度协同依次进入了回归方程，而战略协同、资源协同和组织协同并没有进入回归方程。经过逐步回归后第 2 个模型的 Adjusted R squares 的值为 0.613，说明已解释变差占总变差的 61.3%；模型检验的 F 值为 36.548，对应的概率 P 值为 0.00，小于显著性水平 0.01，DW 大小是 1.853≈2，因此不具有序列的相关特征。技术协同、制度协同与合作创造价值的非经济价值的回归系数显著性≤0.01，所以回归方程效果显著。

通过分析，可以得出：

经济价值 = 技术协同 * 0.450 + 战略协同 * 0.164

非经济价值 = 技术协同 * 0.321 + 制度协同 * 0.245

6.5 中介效应分析

考虑到自变量会对因变量产生影响，所以，如果自变量通过对中间变量进行影响进而影响因变量，那么则称这个影响的中间变量为中介变量。

根据上述回归分析结果和中介效应检验的原理可知，自变量对因变量的分析应该剔除不显著的变量，因为不显著的变量分析中介效应没有任何意义，所以，本书将从以下四大方面进行全面的分析总结。

（1）彼此合作学习吸收外来先进文化在技术协同、战略协同中对合作产生贡献的中介效应。

（2）彼此合作相互配合在技术协同、战略协同中对合作产生贡献的中介效应。

（3）彼此合作学习外来先进文化在技术协同、制度协同中对合作产生非贡献方面的中介效应。

（4）彼此合作相互配合在技术协同、制度协同中对合作产生非贡献方面的中介效应。

6.5.1　学习吸收能力对技术协同、战略协同影响协同创造经济价值的中介效应分析

文章在分析时，利用软件 spss19.0 对采集数据进行整理，通过对回归方法的学习使用来研究借鉴所需资料在技术协同、战略协同方面对合作产生贡献方面的中介效应，研究结果如下表 6.17 所示。

表 6.17　学习吸收能力对技术协同、战略协同对贡献的中介效应分析

模型		非标准化系数		标准系数	t	Sig.
		B	标准误差	试用版		
1	（常量）	.599	.181		3.312	.001
	战略协同	.248	.105	.164	2.369	.019
	技术协同	.506	.077	.450	6.526	.000

续表

模型		非标准化系数		标准系数	t	Sig.
		B	标准误差	试用版		
2	（常量）	.340	.177		1.919	.056
	战略协同	.143	.101	.094	1.417	.158
	技术协同	.319	.081	.284	3.931	.000
	学习吸收能力	.426	.082	.356	5.230	.000

a. 因变量：经济价值

表6.17 中的数据可知，学习吸收能力在0.01 水平上显著。学习吸收能力对技术协同影响协同创造经济价值的中介效应中，结合回归分析中表10 的分析结果可知，技术协同对学习吸收能力和学习吸收能力对经济价值分别在0.01 水平上显著，所以学习吸收能力对技术协同影响协同创造经济价值的中介效应是显著的。

对于战略协同这一构成要素来说，由于其对学习吸收能力不显著，所以，应该构造Z 统计量。a =0.148，Sa =0.088，b =0.263，Sb =0.09，统计量，继而可以得出如下结论：学习吸收能力对战略协同影响协同创造经济价值的中介效应是显著的。

6.5.2 沟通协调能力对技术协同、战略协同在合作产生贡献方面所发挥作用的中介效应研究

利用彼此之间的合作交流对方式方法进行研究对比。分析技术协同、战略协同在贡献方面所发挥的作用，分析结果如表6.18 所示：

表 6.18　彼此之间合作在技术协同、战略协同方面对贡献效果的中介效应分析

模型		非标准化系数		标准系数	t	Sig.
		B	标准误差	试用版		
1	（常量）	.599	.181		3.312	.001
	战略协同	.248	.105	.164	2.369	.019
	技术协同	.506	.077	.450	6.526	.000
2	（常量）	.281	.168		1.679	.095
	战略协同	.085	.096	.056	.881	.380
	技术协同	.264	.077	.235	3.434	.001
	沟通协调能力	.603	.083	.473	7.239	.000

a. 因变量：经济价值

结合回归研究中的整理数据和表 6.18 中的分析结果可知，彼此之间合作的能力作用在方法使用影响协同创造经济价值的中介效应中，技术协同对沟通协调能力和沟通协调能力对经济价值分别在 0.01 水平上显著，所以沟通协调能力对技术协同影响协同创造经济价值的中介效应得到充分发挥。

对于战略协同对沟通协调能力和沟通协调能力对经济价值分别在 0.01 水平上显著，所以沟通协调能力对战略协同影响协同创造经济价值的中介效应是显著的。

6.5.3　协同创造学习吸收能力对技术协同、制度协同影响协同创造非经济价值的中介效应

经过对合作方面的学习研究来分析技术协同、制度协同对协同创造非经济价值的中介效应，分析结果如表 6.19 所示：

表 6.19　学习消化程度作用在技术协同、制度协同方面对贡献程度的中介效应分析

模型		非标准化系数		标准系数	t	Sig.
		B	标准误差	试用版		
1	（常量）	.705	.152		4.639	.000
	技术协同	.333	.081	.321	4.129	.000
	制度协同	.337	.107	.245	3.151	.002
2	（常量）	.389	.145		2.690	.008
	技术协同	.144	.078	.139	1.856	.065
	制度协同	.144	.101	.105	1.431	.154
	学习吸收能力	.524	.076	.473	6.869	.000

a. 因变量：非经济价值

根据表 6.19 中的数据可知，学习吸收能力对非经济价值在 0.01 水平上比较明显。分析表 10 得出结论，技术协同在学习消化能力和学习吸收能力对非经济价值分别在 0.01 水平上显著，所以学习吸收能力对技术协同影响协同创造非经济价值的中介效应是很有效果的。

对于制度协同对学习吸收能力和学习吸收能力对非经济价值分别在 0.01 水平上是显著的，所以学习吸收能力对制度协同影响协同创造非经济价值的中介效应是显著的。

6.5.4　彼此合作学习在技术协同、制度协同中对合作产生非贡献方面的中介效应

研究分析彼此合作学习在技术协同、制度协同中对合作产生非贡献方面的中介效应，分析结果如表 6.20 所示：

表 6.20　彼此合作能力作用在技术协同、制度协同对非贡献方面的中介效应分析

模型		非标准化系数		标准系数	t	Sig.
		B	标准误差	试用版		
1	（常量）	.705	.152		4.639	.000
	技术协同	.333	.081	.321	4.129	.000
	制度协同	.337	.107	.245	3.151	.002
2	（常量）	.287	.134		2.145	.033
	技术协同	.081	.072	.078	1.123	.263
	制度协同	.102	.092	.074	1.106	.270
	沟通协调能力	.716	.075	.608	9.596	.000

a. 因变量：非经济价值

根据回归分析中的表 6.20 可知，沟通协调能力对技术协同影响协同创造非经济价值的中介效应中，技术协同对沟通协调能力和沟通协调能力对非经济价值分别在 0.01 水平上显著，所以沟通协调能力对技术协同影响协同创造非经济价值的中介效应是显著的。

对于制度协同对沟通协调能力和沟通协调能力对非经济价值分别在 0.01 水平上显著，所以沟通协调能力对制度协同影响协同创造非经济价值的中介效应是显著的。

6.6　假设验证及模型修正

6.6.1　假设验证

1. 回归假设验证

本书借助对商务网络信息生态链价值协同创造的概念模型进行分析，

通过变量间的回归分析、中介效应的分析对模型中假设进行验证，其中自变量技术协同、组织协同、制度协同、资源协同及战略协同对协同创造价值的回归分析如下：

经济价值 = 技术协同 * 0.450 + 战略协同 * 0.164

非经济价值 = 技术协同 * 0.321 + 制度协同 * 0.245

通过上述分析可以断定这五大构成要素：技术协同、组织协同、制度协同、资源协同及战略协同均能在不同程度上对协同创造价值产生影响，然而只有技术协同对协同创造价值的两个维度产生显著影响，所以假设H1e通过，其他假设部分通过，验证结果见表6.21，图6.4。

表 6.21　假设验证结果（协同创造各构成要素—协同创造价值）

假设	结果
H1a：制度协同对商务网络信息生态链价值协同创造具有显著影响	部分通过
H1b：战略协同对商务网络信息生态链价值协同创造具有显著影响	部分通过
H1c：资源协同对商务网络信息生态链价值协同创造具有显著影响	未通过
H1d：组织协同对商务网络信息生态链价值协同创造具有显著影响	未通过
H1e：技术协同对商务网络信息生态链价值协同创造具有显著影响	假设通过

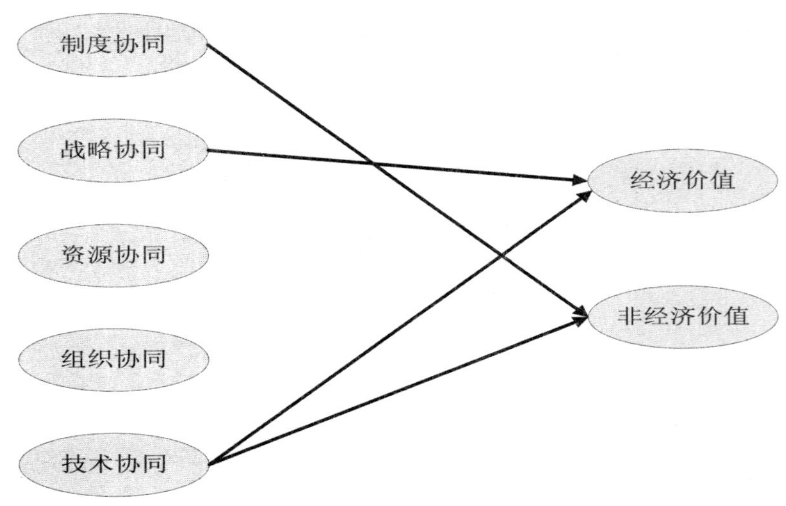

图 6.4　协同创造构成要素与协同创造价值的假设验证结果

2. 中介效应假设验证

通过对中介效应分析的结果可以发现：在自变量显著影响因变量的情形下，自变量显著影响中介变量、中介变量显著影响因变量至少有一个不成立时，只有学习吸收能力对战略协同影响协同创造价值的中介效应，但结果中介效应是显著的；其他的自变量显著影响中介变量、中介变量显著影响因变量，则中介效应显著都是成立的。结合对假设 H1a—H1e、因变量与中介变量回归及中介变量与自变量回归的分析，可以得到如下回归方程：

学习吸收能力 = 技术协同 ∗ 0. 328 + 制度协同 ∗ 0. 237 + 资源协同 ∗ 0. 157

沟通协调能力 = 技术协同 ∗ 0. 333 + 制度协同 ∗ 0. 235 + 战略协同 ∗ 0. 176

经济价值 = 协调沟通能力 ∗ 0. 480 + 学习吸收能力 ∗ 0. 220

非经济价值 = 协调沟通能力 ∗ 0. 526 + 学习吸收能力 ∗ 0. 235

学习吸收能力对技术协同、战略协同影响协同创造经济价值的中介效应显著。

沟通协调能力对技术协同、战略协同影响协同创造经济价值的中介效应显著。

学习吸收能力对技术协同、制度协同影响协同创造非经济价值的中介效应显著。

沟通协调能力对技术协同、制度协同影响协同创造非经济价值的中介效应显著。

由于协同创新能力对资源协同、组织协同与协同创造价值的关系不具有中介效应，所以假设 H2c、H2d 不成立，与此同时也可以进一步得出协同创新能力对战略协同、制度协同与协同创造价值并未完全显著，所以

H2a 和 H2b 部分通过，而协同创新能力对战略技术协同与协同创造价值完全显著，所以 H2e 假设通过。如下表 6.22 和图 6.5 所示。

表 6.22 假设验证（中介效应）

H2a：协同创新能力对制度协同与协同创造价值间的中介效应显著	部分通过
H2b：协同创新能力对战略协同与协同创造价值间的中介效应显著	部分通过
H2c：协同创新能力对资源协同与协同创造价值间的中介效应显著	未通过
H2d：协同创新能力对组织协同与协同创造价值间的中介效应显著	未通过
H2e：协同创新能力对技术协同与协同创造价值间的中介效应显著	假设通过

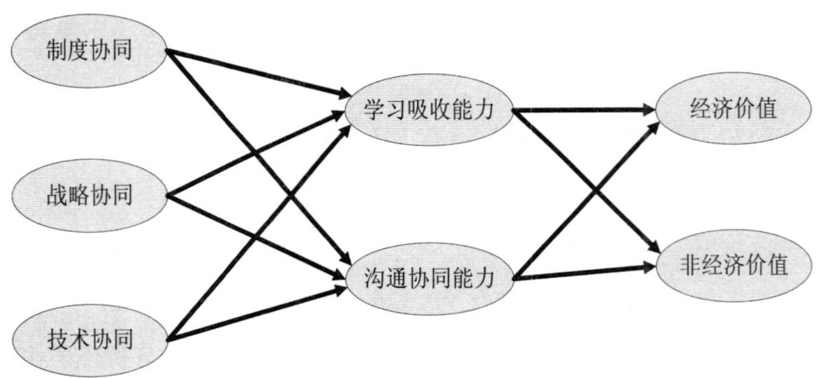

图 6.5 协同创造概念模型中介效应的假设验证结果

6.6.2 模型修正

基于以上相关数据并借助数据分析软件运用对电子商务生态系统协同创造的机理进行分析，通过回归分析、中介效应分析并结合研究中提出的假设进行了进一步的验证。本书对商务网络信息生态链价值协同创造机理的概念模型进行修正见图 6.6。

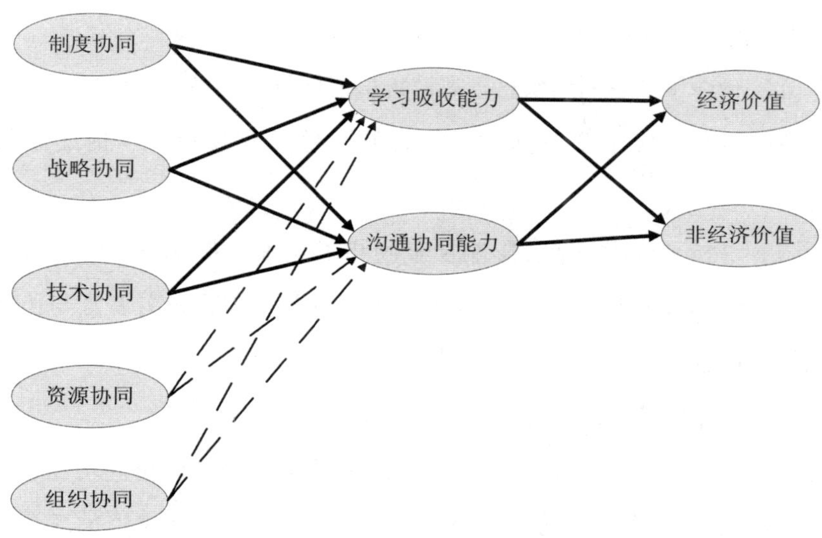

图 6.6　商务网络信息生态链价值协同创造机理的修正模型

通过图 6.6 可以发现，协同创造的构成要素技术协同、制度协同、战略协同对协同创造价值的经济价值和非经济价值部分具有显著的影响，但组织协同和资源协同对协同创造价值都不具有显著的影响；而技术协同、制度协同、战略协同通过协同创新能力的中介效应显著影响着协同创造价值。

6.7　本章小结

通过对已有文献的梳理、归纳总结了商务网络信息生态链价值协同创造的影响因素，分析资源协同、制度协同、战略协同、组织协同、技术协同以及协同创新能力对商务网络信息生态链价值创造的关系。通过调查问卷的方法，使用验证性因子分析检验数据的信度和效度，通过相关分析、回归分析、中介效应分析，最后对假设模型进行了验证，并做出了修正。

本章研究工作和总结：

（1）构建了商务网络信息生态链价值协同创造的概念模型。

（2）设计完成了调查问卷，并对数据做了回收和样本描述等研究工作。

（3）分析了价值创造各影响要素间相关关系、要素与协同创新能力的相关关系、协同创新能力与协同创造价值的相关关系及各要素与协同创造价值的相关，并分别做了回归分析。

（4）本章结论

①技术协同、组织协同、制度协同、资源协同及战略协同均在不同程度上对协同创造价值产生影响，只有技术协同对协同创造价值的二个维度均有显著影响，因此假设 H1e 通过，制度协同、战略协同假设部分通过。

②学习吸收能力对技术协同、战略协同影响协同创造经济价值的中介效应显著；沟通协调能力对技术协同、战略协同影响协同创造经济价值的中介效应显著；学习吸收能力对技术协同、制度协同影响协同创造非经济价值的中介效应显著；沟通协调能力对技术协同、制度协同影响协同创造非经济价值的中介效应显著；鉴于协同创新能力对资源协同、组织协同与协同创造价值的关系不具有中介效应，因此假设 H2c、H2d 不成立，同时协同创新能力对战略协同、制度协同与协同创造价值并未完全显著，所以 H2a 和 H2b 部分通过，而协同创新能力对战略技术协同与协同创造价值完全显著，所以 H2e 假设通过。

③协同创造的构成要素技术协同、制度协同、战略协同对协同创造价值的经济价值和非经济价值部分具有显著的影响，但组织协同和资源协同对协同创造价值都不具有显著的影响；而技术协同、制度协同、战略协同通过协同创新能力的中介效应显著影响着协同创造价值。

第 7 章

商务网络信息生态链价值协同创造机理

7.1 商务网络信息生态链的自组织特征

商务网络信息生态链是通过信息主体、信息资源、信息技术以及信息环境这四个构成要素彼此之间的相互联系、紧密结合以及相互影响、相互作用下形成的。根据系统论的观点，正是通过系统构成要素之间的这种互相联系、紧密结合、相互影响和相互作用，从而在系统的内部和外部之间形成了一种特定的结构和秩序，进而在系统与环境之间、系统与要素之间以及要素与环境之间形成了协同机制以实现系统资源的高效利用和有效配置。

所以，商务网络信息生态链里的各个信息主体为了实现其各自价值最大化的共同目标，不断地通过竞争与协作的博弈最大程度的共享信息资源，并且最终通过商务网络信息生态链内部协同机制的成熟度以及商务网络信息生态链的自组织演化过程不断地创造新的价值，从而推动价值的起伏增长进而实现信息资源的价值增值，即价值创造，如图 7.1 所示。

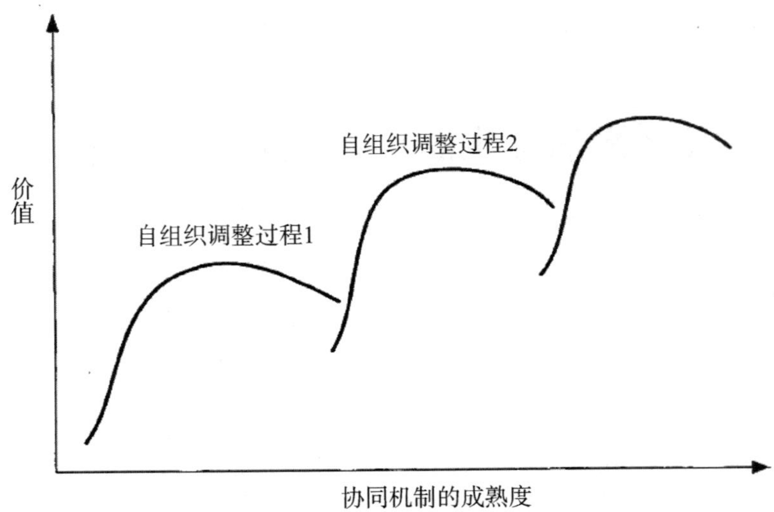

图 7.1　自组织演化、协同机制与价值增值（价值创造）

所谓系统的自组织演化过程是指系统在原有的较为稳定的基础上演化为另一种较为稳定的状态的一个动态过程。为了能够更加清晰地认识商务网络信息生态链的自组织本质、明晰其在创造效益的过程中的工作原理，第一步应该知道的是商务网络信息生态链所具备的自组织特征。

（1）目标性

商务网络信息生态链作为一个具有特定的社会功能和经济功能的有机整体系统，虽然各个信息主体在其中所扮演的角色以及它们所承担的任务和责任不尽相同，但是它们却具有所有信息主体所认同的共同目标——即实现其自身价值、效益、效率最大化。商务网络信息生态链形成的根本目的就是各个信息主体对共同目标的追求，实质上就是要求所有信息对象在资源方面互补，将价值最大化，但是达到上述标准不但要求各个信息主体的战略目标的一致，更需要商务网络信息生态链中所有信息对象能够协调、优势互补，进而促进整个系统朝着良好的方向快速发展，保证在功能方面有更明显优势。这种共同目标不仅具有较强的导向作用，制约着商务网络信息生态链的发展方向，同时也具有较强的凝聚作用，能够使各信息对象在基于同一目标的状况下能够协同作用，推进整个商务网络系统成为一个具有特定功能的有机整体系统。因此，选择与其他信息主体协同发展是实现这一共同目标的根本途径。

（2）整体性

按照系统论相关理论，系统具有整体性，也就是系统同各相关要素是相互作用的，各要素体现的作用同等重要。对整个系统进行探究不可以某一要素为起点，要掌握各要素相互存在的联系必须要有整体观念。以系统的非线性特征进行探究，商务网络体系具备的各要素相互产生的作用也存在非线性特征，能够基于系统的整体而隔离出部分特征。整个商务网络体系具备的功能是各要素有机的结合，并不是机械性的叠加，是在有机与必然联系的基础上融合形成的功能。

商务网络系统在社会与经济方面都能体现出明显的功能，基于各方面信息对象，利用某种方式产生的整体，各信息对象能够高效衔接、相互影响以及相互作用。在商务网络信息系统中，信息主体是其最重要的要素，信息主体的状态将对整个商务网络系统的运作产生巨大的影响；此外，要确认商务网络系统功能的有效运用，不但要在技术方面给予可靠的支持，还要全面运用资金流、信息流以及物流。一些外部环境如国家的相关政策以及内部环境等对运行商务信息系统起着同样的制约和促进作用。商务网络信息生态链是以信息价值、企业利益提升为标准，各成分之间不仅是静态的、封闭的，还是相互联系、相互影响、相互协作的，最终使得整个有机系统状态达到最优。

（3）层次性

商务网络信息生态链是一个多层次的系统——其自身作为一级系统与外界环境之间进行着大量的物质、能量和信息的交换，而其内部的各个信息主体属于下一层次的子系统，其处于一级体系内也能够实现能量、物质以及信息的流通。这种层次性不仅表明了不同层次系统之间的从属关系以及相互作用关系，同时也表明了在不同层次的系统中存在着不同的运动形式，从而构成了商务网络信息生态链的整体运动特性。

（4）开放性

商务网络信息生态链作为一个社会、经济系统，其本质上就是内部信息对象相互间以及信息对象同外部相关资源以及能力的互通、作用、整合的结果。因此，为了能够与外部环境相适应、维持其自身的生存和发展，商务网络信息生态链的开放性是最基本的条件之一。一方面，商务网络信息生态链中的信息主体可以忽略时间和空间的限制随时随地地加入和退出系统，并且通过加强信息主体的协同力和整合力使其系统功能得到强化。商务网络信息生态系统具备开放性，对各方面的进入没有限制。因为整个网络系统是开放的，而就商务网络信息系统而言，在连接方面不存在约束，尤其是空间与时间方面更加自由，此外地理位置方面也没有限制，按照预定的协议进行就可以借助此商务信息系统开展相关信息项目。按照需求系统获取整理各成员的相关信息，进而给出对用户有用的信息，此外还会开发出更开放、功能更全面的信息平台供用户使用。从另一角度看，商务网络信息生态链在不断地与外部环境进行物质、能量和信息交换的过程中，由于外部环境的变化尤其是外部扰动因素的输入，要求系统能够实时地做出适应性调整以达到系统的适应性自稳，从而重新实现系统新的平衡态势。

（5）动态性

商务网络信息生态链是一个由诸多信息主体所构成的系统，随着时间的推移、环境的变化以及自身发展的需要，其内部的形态、功能、状态以及各种机制等并不是一成不变的，而是需要不断地进行调整，这是一个不断发展变化的过程；上述持续发展的过程，其实质上是各个信息主体之间相互联系、紧密结合以及相互影响、相互作用的过程，各个信息主体之间的这种复杂的、非线性的交互作用不断地把商务网络信息生态链从一种状态推向另一种新的状态。另外，商务网络信息系统其组织构造灵活性较强，也就是说在面对商务环境的改变时能在较短时间内有快速回应，利用节点相互间的协作维持系统的稳定，进而实现系统目标。此外，因为商务网络系统产生的供求关系也是动态的，由于网络商品及资金的持续变动，交易双方也是不断变化的，上述大量信息的不断变动给商务网络信息生态链上的各个信息主体带来了发展的机遇，这同传统意义上的商业相比生命力更强。另一方面，系统内外部环境的相互影响与作用，双方的适当融合，这也能体现出商务网络系统不断变化的特性。此外，整个商务网络体系自身也会随着外部环境的变化而发生转换、升级和演化，这在某种程度上将改变原有的商务网络信息生态链的格局从而使得商务网络信息生态链从当前状态跃迁到新的更有序的状态进而呈现出新的稳定的态势。

（6）进化性

随着网络环境的日益开放，商务网络体系同外界环境产生作用和影响的程度越来越大，不断的相互作用使得整个系统与环境逐渐适应对方。当商务网络信息体系不断与外部环境融合发展时，其内在构造也相应地不断完善，进而自身获得更大的发展。事实上，社会和生物一样也是由产生、变革到不断发展完善的。

（7）共享性

信息资源对于商务网络信息生态链的各个信息主体来说具有一定的独立性，而信息的交易和应用则是商务网络信息生态系统中信息自身的交流和传递。因为商务网络信息生态系统具有生态化特点，所以处在商务网络信息生态系统上的信息客体之间转化则不会使信息质量发生缺失与变化，信息交流的目的是实现共享而不是纯粹地把信息变卖传递。由此可见，商务网络信息生态系统中的信息不仅是完成交易和应用，而且可以在此过程中对信息附加和改进，使信息最终成为有用的价值，体现了信息资源在商务网络信息生态系统的共享性。

（8）协同性

首先，协同性在商务网络信息生态系统的特定应用条件下才得以显示出来。任何一个商务网络信息生态系统都有其对应的应用条件和限定好的应用领域，即生态幅。商务网络信息生态系统的自身特点和周围因素共同作用是决定生态幅大小的主要影响因素。然后，在激烈竞争中的节点间显现出来。所有商务网站的运营策略和手段几乎是大同小异，各网站之间生态位交叉部分越明显，相应的网站之间竞争就更加白热化。节点在商务网络信息生态系统健康发展中，起着协同且存在竞争关系的作用，不仅体现整体功能，而且网站自身也在获取收益。

结合以上分析，商务网络信息体系是一个多种信息对象有序融合而成、具有特定社会和经济功能的有机整体，以“效益”“效率”以及信息价值的“增值”作为其核心主线，不同的信息主体在其中扮演着不同的角色、承担着不同的任务以及发挥着各自的作用，彼此之间相互联系、紧密结合以及相互影响、相互作用，确保完成商务网络信息生态链中信息共享与信息协同的过程，从而在其内部形成一定的信息共享域，以提高商务网络信息生态链中各个信息主体及其整体的竞争力与功能性，进而为信息消费者提供更多的、更丰富的信息资源和信息服务。根据自组织理论的观点，这就意味着商务网络信息生态链本质上是一个动态的自组织的演化系统。

7.2 商务网络信息生态链价值协同创造的动因分析

7.2.1 商务网络信息生态链价值协同创造的主观动因

由于商务网络信息体系产生的价值体现一定的主观性，因此价值产生的效用也附带某种主观性，具体表现在下面 3 个方面：

（1）生态链信息势能差

第一，商务网络的蓬勃发展，将各商务网站以及相关企业高效地联结起来，使得商务网络中的信息主体能够实现信息交流和信息共享，进而实现价值最大化的目标。商务网络信息生态链是运动着的，信息主体无时无刻都在与外界进行着信息和能量的交换，信息流转的过程同时也是信息主体间博弈的过程，博弈的结果就会使得信息主体间出现信息势能差。此外，商务网络信息生态链的“生态”体现在信息主体间以及信息主体与外界环境间的和谐融洽的合作关系，最终通过信息的流动，实现各主体的共赢。

第二，在商务网络信息生态链中，其结构就是以某一个节点为核心，由诸多下游节点根据自身需求横向纵向形成的网状结构。根据哈肯所说的概念协同理论（Synergetic），也被称为协同说和协和学，主要研究的领域就是与平衡态背道而驰的开放式系统。基于协同产生的影响，一旦与外界发生无形的能量或有形的物质来往，结构及行为便会主动地在空间和时间上体现出规律性、原则性变化，信息流动的方向就有可能会变化，进而商务网络信息生态链的信息势能也会有所差别。

第三，商务网络信息生态链中的信息流动带动着整个生态链中信息主体的运动，信息主体间的“协”“同”的好坏会导致生态链中信息势能的改变。节点不可能都存在于相同的势能平面上，对应自身所具备的信息势能也不尽相同。商务网站的节点势能越大，所处的主导地位越稳定，从而在市场上更具竞争力和拥有更多消费者粉丝，并在社会有一定的影响力。系统中节点与节点间因为有信息势能差，即商务网络信息生态系统中信息交流的基础推动力，可是想使势能差体现 2 + 2 > 5 的结果，则需要完全明白安索夫提出的这个协同算法。该公式想表述是“企业整体收益大于企业所有构成产生的效益累加之和”，即在环环相扣的商务网络信息生态系统中的节点要求信息交流需要从高势能节点依次朝着低势能节点传递。

（2）商务网站自身运营能力

互联网中存在着“只有第一，没有第二”的法则，在商务网络中同样也存在类似的状况，核心节点具有较强的掌控力、更多的资源、更高的信息势能，同样也获得更大的价值。想要改变这种“赢者通吃”的状况，与强者联结是很好的共赢的途径，但商务网络信息生态链是不断运动着的，如同自然界中的生态系统一样存在“优胜劣汰”。因此，只有不断提升商务网站的自身运营能力，才能适应日新月异的市场环境，才能不被运动着的商务网络信息生态链所淘汰。评价商务网站的运营实力通常凭借以下内容：网站的信息转化率、网站的可持续发展水平。

商务网站通过信息的流转实现价值流动和价值实现。因此，信息转化率、准确率等的高低对于商务网站的运营是至关重要的，信息转化率高、信息质量高，那么信息主体间的沟通更加顺畅，进而商务网络信息生态链中价值增值也会更高效。

除此之外，商务网站的可持续发展水平对商务网站而言也是十分重要的，节点商务网站在给予消费者需要物的同时还要同比例的保证有大量的网络关注，可以理解为不能只把重点放到满足客户群体的需求上，还要重点关注商务网站在进行宣传后能够带来的有效的关注，实现商务网站的可持续发展。商务网络信息生态链可持续发展是其运营能力良好的重要体现。

（3）节点商务网站自身发展需要

商务网络信息生态链价值的协同创造过程也就是商务网络信息生态链是如何成功运行，进而带来2+2>5的收益过程，节点不仅要考虑现有的自身业务，更要考虑到商务网站未来的发展，想要长足发展，商务网站间势必要进行协同，孤立的运营是行不通的。因此，商务网站为了实现自身的发展需要，也会选择与其他商务网站进行联结，协同发展。

7.2.2　商务网络信息生态链价值协同创造的客观动因

迈克尔·波特曾说过：企业若想从根本上实现价值的创造，就必须努力实现企业价值和社会价值的最大化。结合本书的研究，商务网络信息生态链也需要实现企业价值和社会价值，在这个过程中信息主体、信息技术和信息环境都成为推动价值创造的动因。

（1）消费需求和价值需求的增长

商务网络信息生态链发展至今，已经得到了快速发展，取得了显著成就。虽然不同的商务网站经营项目和经营模式存在着差异，但是其目的都是为了追逐价值。为了满足消费者不断变化的消费需求，各个商务网站都在不断地进行自我完善，努力调整适应当前消费者的需求，在众多商务网站的竞争中，商务网站为了最大利益不断地和其他竞争对手进行合作，在这个过程中，只要消费需求和价值需求不断增长，商务网络信息生态链的协同就不会停止。

（2）信息技术驱动

在商务网络发展过程中，技术进步是影响价值实现的重要因素。在激烈的市场竞争中，无论产品成本的降低还是产品质量的提高，都依赖技术的进步，技术的进步将大大地提升公司价值。根据政治经济学的理论，技术进步可以缩短生产产品的时间，使得企业生产产品的时间大大低于生产该产品的社会必要劳动时间，企业就能够获得超额利润，从而增加企业价值。

（3）信息环境驱动

电子商务的“十三五”发展规划，要求加快发展电子商务的步伐。通过政治环境的刺激，提升市场参与者的积极性。所以，信息环境又可以分为外部因素和行业因素。我国市场经济体制逐步建立和完善，市场竞争日趋激烈，企业面对的环境也十分复杂。外部因素包括经济环境、政治环境和社会环境。经济环境主要包括经济发展状况、通货膨胀、利息率波动、政府的经济政策等。行业因素主要包括政府行业导向、行业竞争强度以及行业周期性等。政府在不同时期会对不同行业采取扶持或限制政策，以促进产业结构升级和国民经济健康发展。行业内竞争强度直接影响公司的获利能力。处于增长期的行业，即使是经济衰退时期，也不会受到太多影响，公司价值将得到提升；处于衰退期的行业，则企业销售收入将不断下降，从而导致企业价值受损。

通过以上的分析，我们从主观、客观两个方面分析了商务网络信息生态链价值协同创造的动因，结合分析构建了商务网络信息生态链价值协同创造动因分析图，如图 7.2 所示。

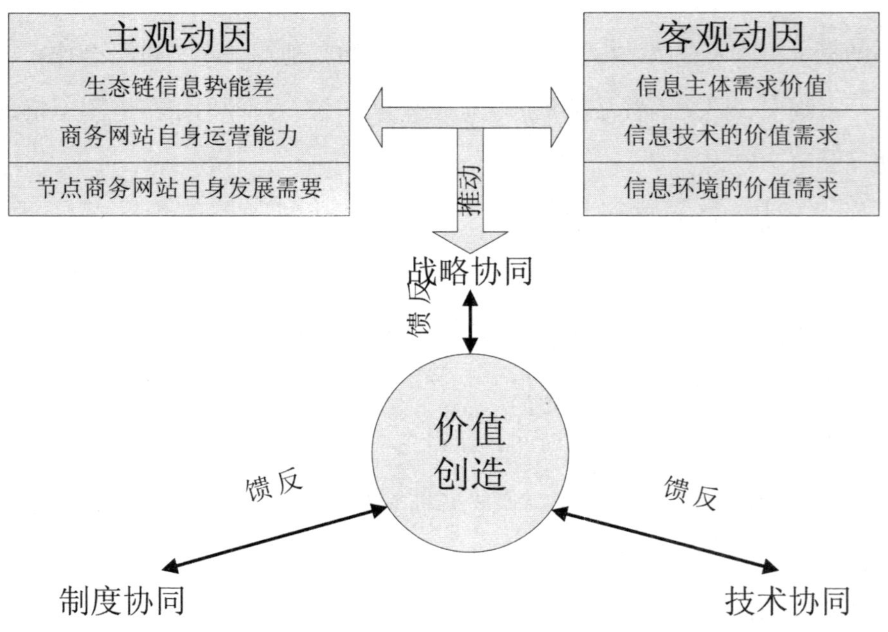

图 7.2　商务网络信息生态链价值协同创造动因分析

7.3 商务网络信息生态链价值协同创造模型

7.3.1 商务网络信息生态链价值协同创造的节点分析

1. 商务网络信息生态价值协同创造中节点关联特征

商务网络信息生态链价值的协同创造是由多个商务网站组成，以价值确定下的过程管理确定好价值主张的活动，其活动就是协同创造过程基于商务网络信息生态链价值星系模型构建出来的价值活动，其协同创造的过程以信息流、资金流、物流、工作流、价值流宏观下阐述，并可以从中解读出商务网站之间工作流协同下产生的价值流的特征：

（1）商务网络中的商务网站彼此制约、相互依存的关系状态映射出每一个商务网站都是有着属于自我的标志性核心任务。最为重要的就是商务网络信息生态链中消费者的感受程度，这种以“顾客”为主体的享用价值，也创造了价值的一种形式。商务网络信息生态链以主心骨节点在信息流、资金流、物流、价值流的协同汇聚整合成一种有规律的链式或者网状结构，已经不单单是价值网络这样的一个网状结构，更为具体的参照是价值星系这样的一种模型。

（2）商务网络信息生态链价值中商务网站在彼此关联作用下，以价值星系模型为主要研究对象，价值是企业市场的中轴，但是随着“互联网+”时代的快速到来，传统的价值链理论已经不能满足现在的经济模式，经过多方学者在实践中研究出来的最新理论价值星系就是对当前企业管理最好的前沿发展理论阐释。

（3）核心层就是指其网络信息生态链中最为核心的层面，包含很多的节点发展和生存的关键点，因此节点数量很少但信息势能是最大的，整个链条都在核心层的基础上。核心层延伸后就是主干层，主干层的主要工作目的就是为核心层节点提供信息与资源，其节点数量要比核心层节点多，就像恒星周边的卫星是层层包围相互作用一样。扩展层上的节点产生的影响基本是微乎其微，于商务网络信息生态链的运行，只会通过产生非直接、微整的作用方式从而产生影响。

（4）商务网站节点之间的有序有效的协同进化合作就是制造推动力使得商务网络信息生态链的动力要素输入后转化为价值的一种机制作用。动力要素通过协同机制反馈出价值创造，同时相应的动力路径也是被协同机制所激发出来的。最后价值实现了商务网站最终的价值创造活动。其中商务网络信息生态链价值协同创造在战略协同、资源协同、组织协同、制度协同中以信息流、物流、资金流、工作流、价值流方面的交叉互惠，构建了商务网络信息生态链价值协同创造的过程模式图。

2. 商务网络信息生态链价值协同创造中节点关联路径

通过商务网络信息生态链价值协同创造中的涨落、资源协同等等内容，帮助商务网络内的节点商务网站产生了其自身的价值输入和价值输出的路径模式。分析商务网络信息生态系统可知，输入进去的是已有的信息、资本，输出的是通过新增值制作出的资本、信息。在这个过程中，转化的因素包含了商务网络信息人、信息、信息环境、网络技术，整个过程的首要任务就是为了使商务网络生态系统的内部相互合作从而帮助企业获取更高的利润和收益。上述内容其实属于动力路径的一部分，即信息人主体竞争与合作、信息技术更新换代等，凭借这几点的动力路径使商务网络信息生态链价值协同创造内形成如下关系：战略协同作为资源协同的首要任务，资源协同则是组织协同的重要依据，而制度协同是所有协同的保障根本。上述的 4 种协同的同时作用确保了商务网络内的节点信息和信息人通过信息、资金、工作、价值流和物流的有效作用后获取最高程度的收益。

7.3.2 商务网络信息生态链价值协同创造的序参量演化分析

在自组织系统中，主系统由诸多子系统所构成，而不同的子系统又包含有诸多状态变量，不同的状态变量彼此之间相互影响、相互联系。各个状态变量之间相互作用所导致主－子系统发生质变的过程即为自组织的演化过程。序参量作为协同学创始人哈肯所提出的重要概念，为描述系统的自组织演化过程提供了有效的办法。根据协同学理论，由于系统的自组织演化过程受到序参量的主导，因此如何确定序参量便成为一项重要内容。

商务网络信息生态链中各个信息主体具有实现其自身价值、效益、效率最大化的共同目标，因此商务网络信息生态链从本质上体现了价值的思想——即商务网络信息生态链是一个以协同为基础、以价值为核心的价值创造系统，其自组织的演化过程就是一个伴随着价值创造的过程。因此本书认为：价值就是商务网络信息生态链的自组织演化的序参量。

根据协同学理论，本书利用哈肯模型对自组织系统在一定外部条件下由内因驱使发生演化的过程用数学形式进行描述：

$$\frac{dq_1}{dt} = -\lambda_1 q_1 - a q_1 q_2 \qquad (式1)$$

$$\frac{dq_2}{dt} = -\lambda_2 q_2 + b {q_1}^2 \qquad (式2)$$

式中，t——时间；q——在短时间内为时间 t 的函数，是 q_1、q_2 的状态参量；λ_1、λ_2——阻尼系数，表示耗散结构的强度；a、b 反映 q_1、q_2 相互作用的强度。

假定 $\lambda_1 \ll \lambda_2$ 且 $\lambda_2 > 0$，表明状态参量 q_2 是衰减迅速的快变量，故而可采用绝热消去法令 $q_2 = 0$，则由（式2）可以得到：

$$q_2(t) \approx {\lambda_2}^{-1} b {q_1}^2(t) \qquad (式3)$$

将（式3）带入（式1）中可以得到序参量方程：

$$\frac{dq_1}{dt} = -\lambda_1 q_1 - \frac{ab}{\lambda_2} q_1^{\ 3} \qquad （式4）$$

通过（式3）和（式4）可知，q_1 决定了 q_2，q_2 随 q_1 的变化而变化，因此寿命长、阻尼小的 q_1 称为自组织系统的序参量。在本书中，自组织系统的序参量是商务网络信息生态链的价值，商务网络信息生态链的自组织演化便受到这个序参量的影响和制约。

对于（式3），由 $\frac{dq_1}{dt} = \frac{\partial V}{\partial q_1}$ 可以得到其势函数 V：

$$V = 0.5\lambda_1 q_1^{\ 2} + \frac{ab}{4\lambda_2} q_1^{\ 4} \qquad （式5）$$

根据势函数 V 可以绘制出自组织系统的势函数曲线，如图7.3所示。

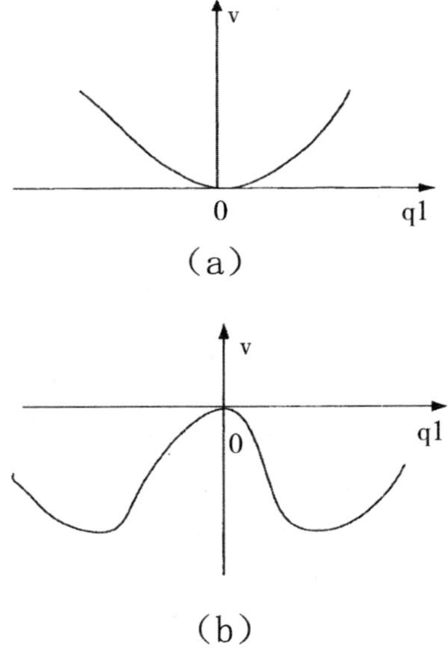

图7.3　自组织系统的势函数曲线

利用回归方法将（式4）变换成非简谐振动方程的形式。假设商务网络信息生态链的自组织演化过程的控制参量为 α ——该控制参量是由商务网络信息生态链的自组织演化过程中维持各子系统原有状态的控制力和协同机制非线性控制力共同决定的，令：$\alpha = -\lambda_1, \beta = \frac{ab}{\lambda_2}$。

用 $\Gamma_1(t)$ 表示随机涨落力的作用，则由（式4）可以得到商务网络信息生态链的自组织序参量的演化方程，其数学表达式为：

$$\frac{dq}{dt} = \alpha q - \beta q^3 + \Gamma(t) \qquad （式6）$$

根据系统的自组织原理，稳定性是系统维持正常运转并有效发挥其作用的前提。因此本书通过分析商务网络信息生态链的自组织序参量的演化方程的解的稳定性，进而更加深入地分析商务网络信息生态链的自组织序参量的演化途径、形成原因以及与协同机制的关系。

令（式6）中 $\Gamma(t) = 0$，即仅考虑单参数 α 的自组织序参量的演化方程，其中 q 为商务网络信息生态链的自组织序参量——价值，则（式6）可以转换为：

$$\frac{dq}{dt} = \alpha q - \beta q^3 \qquad （式7）$$

其中，不动点方程为：

$$\frac{dq}{dt} = 0，即 \alpha q - \beta q^3 = 0 \qquad （式8）$$

本书引入对称的概念，令 $q_1 \to -q_1$，将（式4）中的 q_1 用 $-q_1$ 替换，得到：

$$-\frac{dq_1}{dt} = -r_1(-q_1) - \frac{ab}{r_2}(-q_1)^3 \qquad （式9）$$

其中，（式4）对于 $q_1 \to -q_1$ 保持不变，其势函数 V 也保持不变。

综上所述，可以得到（式7）的自组织序参量方程演化分岔图，如图7.4所示。

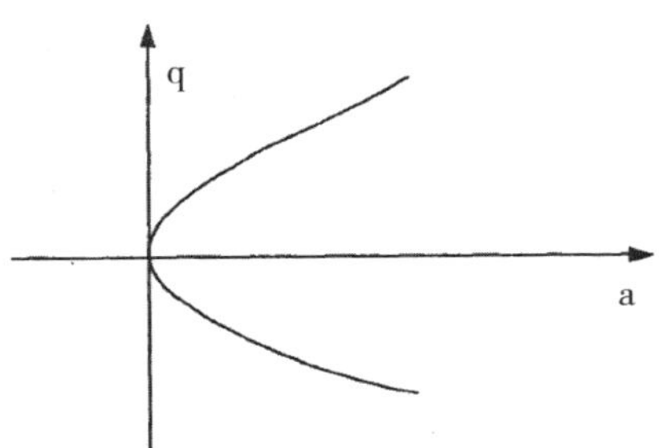

图 7.4 自组织序参量方程演化分岔图

对于（式7）：当$\alpha<0$时，有且只有一个稳定解$q_1=0$，代表系统的平衡稳定态；当$\alpha>0(\beta>0)$时，有三个不动点，即：$q_1=0,q_2=+\sqrt{\alpha/\beta},q_3=-\sqrt{\alpha/\beta}$。此时，$q_2,q_3$为稳定点，而$q_1$为不稳定点。从图7中可以看出，系统自组织序参量的分岔点是$\alpha=0$。当α从负向逐渐增大并跨过$\alpha=0$这一分岔点时，系统由3个稳定态逐步取代1个稳定态，说明系统的性质发生了根本的变化——逐渐由稳定态转变为不稳定态；当α不断增大，上下两个分支形成对称结构时，则标志着新的稳定态的形成。

在商务网络信息生态链的自组织演化过程中，设N为维持各信息主体原有状态的控制力量，M为协同机制非线性控制力量，则商务网络信息生态链的自组织序参量的演化方程为：

$$\frac{dq}{dt}=(M-N)q-\beta q^3 \qquad （式10）$$

通过（式10）对商务网络信息生态链的自组织序参量的演化过程进一步分析：

当$M<N$时（$\alpha<0$），$q_1=0$。此时系统处于稳定状态，说明新投入的协同机制非线性控制力量M很小，尚不足以导致系统的状态发生变化，从而维持系统的原有状态，此时系统处于较低层次的有序状态。

当$M>N$时（$\alpha>0$），$q_1>0$。此时系统逐步由稳定状态转变为不稳定状态，系统出现分岔，说明新投入的协同机制非线性控制力量M很大，使系统原有的稳定状态被打破，从而进入不稳定状态，进而转向新的稳定有序的状态。

由此可见，在商务网络信息生态链的自组织演化过程中，价值作为序参量主导着商务网络信息生态链的自组织演化过程并支配着各个信息主体的行为。而此时，序参量的形成动因来自系统内部的协同机制的非线性控制力，也就是说，在商务网络信息生态链的自组织演化过程中，依靠商务网络信息生态链内部的协同机制的作用，形成了价值序参量，并在价值序参量的驱动下实现了价值创造。

7.3.3 商务网络信息生态链价值协同创造机理模型

若要实现商务网络信息生态链中各个信息主体自身以及系统整体价值最大化这一共同目标，就需要具备一种将所有动力要素进行整合的能力。这种整合能力就是推动商务网络信息生态链演进的根本动力机制——协同机制，其主要功能就在于将商务网络信息生态链中的动力要素转化为价值，实现价值创造。成熟的协同机制能够充分地利用商务网络信息生态链中任何可以获得的动力要素，并且能够有效地通过激发动力要素相对应的动力路径将其快速、高效地转化为价值。商务网络信息生态链价值创造的协同机制逻辑框架体系，如图7.5所示。

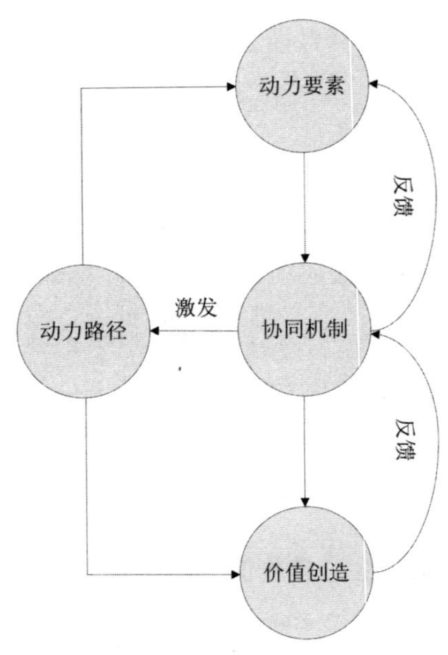

图 7.5 价值创造的协同机制逻辑框架

在商务网络信息生态链中，各个信息主体之间既相互影响、相互联系又彼此相互独立，在其不断地与外部环境进行物质、能量和信息的交换过程中，随着各种动力要素的输入从而生成并输出了各种产品或者服务，在这种输入与输出的相互作用下形成了超循环的自组织演化，并且在协同机制的作用下实现了商务网络信息生态链的演化发展和价值创造。因此，本书根据商务网络信息生态链价值创造的协同机制逻辑框架体系，结合商务网络信息生态链价值创造的协同机制、动力要素、动力路径以及自组织演化机理，从四个维度构建了商务网络信息生态链价值协同创造机理模型，其具体内容如图 7.6 所示。

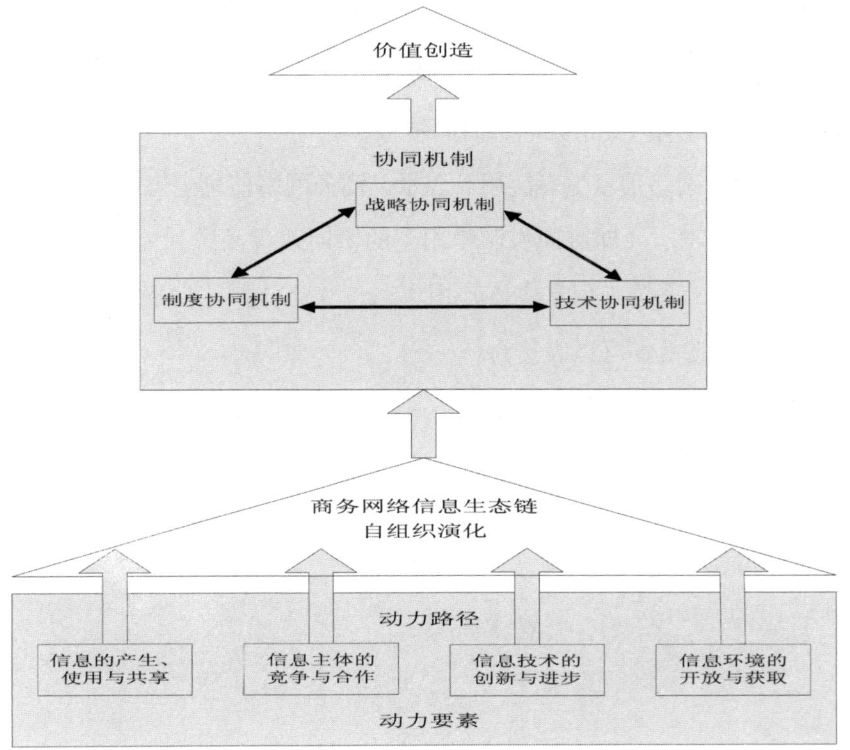

图 7.6　商务网络信息生态链价值协同创造机理模型

从图 7.6 中可以看出，由信息的产生、使用与共享、信息主体的竞争与合作、信息技术的创新与进步以及信息环境的开放与获取这四个维度构成了商务网络信息生态链价值创造的动力要素，并且这四个维度之间既相互关联又具有互补性。商务网络信息生态链中的各个信息主体在协同机制的作用下通过四个维度彼此之间达到有效协同，围绕着价值最大化的共同目标最大限度地追求协同效应最大化，与此同时，各个信息主体又通过四个维度彼此之间的非线性作用共同支持商务网络信息生态链价值创造。由此可见，商务网络信息生态链价值创造包括三方面含义：一是商务网络信息生态链价值创造是商务网络信息生态链为适应外界环境变化而进行的适应性变化的结果；二是商务网络信息生态链价值创造是各个信息主体综合能力的体现；三是商务网络信息生态链的整体能力在各个子系统（信息主体）持续地自组织协同作用引导下不断演化和提升，商务网络信息生态链价值创造是多种动力要素共同努力的结果。

假定商务网络信息生态链用 S 表示，商务网络信息生态链价值创造的协同机制用 F 表示（即协同机制作用下的协同效应函数），商务网络信息生态链的各个子系统（信息主体）用 $X_i(i = 1,2,3,\cdots,n)$ 表示。因此，商务网络信息生态链 S 可以表达为：

$$S = F(X_1,X_2,X_3,\cdots,X_n) \qquad \text{（式 1）}$$

由式 1 可以得到商务网络信息生态链的各个子系统（信息主体）的协同效应函数：

$$X_1 = F(X_2,X_3,X_4,\cdots,X_n,S)$$

$$X_2 = F(X_1,X_3,X_4,\cdots,X_n,S)$$

$$X_3 = F(X_1,X_2,X_4,\cdots,X_n,S)$$

……

$$X_n = F(X_1,X_2,X_3,\cdots,X_{n-1},S)$$

假定商务网络信息生态链中协同效应的系统序参量——价值用 V_s 表示，用 $V_{xi}(i = 1,2,3,\cdots,n)$ 表示商务网络信息生态链中各个子系统（信息主体）独立运作时的效用价值。为了简化计算过程，假设商务网络信息生态链内部的各个子系统（信息主体）独立运作时忽略互补性和关联性，则可以得到：

$$V_s = V_{X_1} + V_{X_2} + V_{X_3} + \cdots + V_{X_n} \qquad \text{（式 2）}$$

然而，在商务网络信息生态链中各个子系统（信息主体）通常都不是独立运行的，假设某商务网络信息生态链中的协同机制运行良好，表示其内部的各个子系统（信息主体）之间互补性、关联性较强，因此其协同程度较高，其数学表达式为：

$$V_s^* = V(V_{X_1} + V_{X_2} + V_{X_3} + \cdots + V_{X_n}) \qquad (式3)$$

假定商务网络信息生态链在协同机制的作用下增效价值为 $\prod V$，则：

$$\prod V = V_s^* - V_s = V(V_{X_1} + V_{X_2} + V_{X_3} + \cdots + V_{X_n}) - (V_{X_1} + V_{X_2} + V_{X_3} + \cdots + V_{X_n}) \qquad (式4)$$

当 $\prod V > 0$ 时，说明商务网络信息生态链在协同机制的作用下产生了增效价值，协同成本小于协同收益，也就是说商务网络信息生态链内部的协同机制有助于提升协同程度。

假设时间用 k 表示，则这种关联性的数学表达式可以描述为：

$$X_0 = \{X_0(k) \mid k = 1,2,\cdots,n\} = (X_0(1),X_0(2),X_0(3),\cdots,X_0(n)) \qquad (式5)$$

假设该商务网络信息生态链中 m 个子系统（信息主体）的效应函数用 m 个比较数列表示，则：

$$X_i = \{X_i(k) \mid k = 1,2,\cdots,n\} = (X_i(1),X_i(2),X_i(3),\cdots,X_i(n)),\ (i = 1,2,3,\cdots,m) \qquad (式6)$$

则比较数列 X_i 对参考数列 X_0 在 k 时刻的关联系数可以表达为：

$$\xi_i(k) = \frac{\min_i \min_k |X_0(k) - X_i(k)| + \rho \max_i \max_k |X_0(k) - X_k(k)|}{|X_0(k) - X_i(k)| + \rho \max_i \max_k |X_0(k) - X_i(k)|} \qquad (式7)$$

式中：ρ 为分辨系数，$\rho \in [0,1]$。

由于商务网络信息生态链是一个动态的系统，不同时刻的关联系数有很大的差异，因此将每个时刻的关联系数进行拟合，则两者的关联度可以表示为：

$$r_i = \frac{1}{n}\sum_{k=1}^{n} \zeta_i(k) \qquad (式8)$$

式 8 可以将不同时刻过于分散的信息进行有效地集中处理，进而将子系统（信息主体）之间的关联性清晰地描述了出来。

商务网络信息生态链中各个子系统（信息主体）的互补性是影响商务网络信息生态链协同效度以及价值创造的关键因素。米尔格罗姆和罗伯茨等对互补性进行了数学定义。

设函数 $f: R^n \to R$ 是超模态的，当且仅当对于 $\forall x, y \in R^n$，则：

$$f(x) + f(y) \leq f(\min(x, y)) + f(\max(x, y)) \quad \text{（式9）}$$

式9表示 x, y 关于目标函数 f 互补。本书将互补性的数学概念引入到商务网络信息生态链协同机制的研究中，商务网络信息生态链的子系统（信息主体）用 x, y 表示，两者相互作用所产生的效应函数 f 则是这种互补性关系的充分表现。由于子系统（信息主体）之间的互补性，能够使得不同子系统（信息主体）之间相互作用中产生正反馈机制，这种相互“吸引”使得商务网络信息生态链中不同子系统（信息主体）之间以及各种动力要素之间产生协同效应，同时通过选择与反馈贯穿于整个演化过程。

7.3.4 商务网络信息生态链价值协同创造的耦合作用关系分析

从本书所构建的商务网络信息生态链价值协同创造框架模型可以看出，商务网络信息生态链中的各个信息主体在三维协同机制（战略协同机制、制度协同机制和技术协同机制）的作用下通过四维协同动力要素（信息的产生使用与共享、信息主体的竞争与合作、信息技术的创新与进步、信息环境的开放与获取）彼此之间的有效协同，围绕着价值最大化的共同目标最大限度地追求协同效应最大化，与此同时，各个信息主体又通过三维协同机制和四维协同动力要素彼此之间的非线性作用共同支持商务网络信息生态链价值创造。基于系统的视角来描述商务网络信息生态链价值创造的协同机制，其本身就具有系统层次的复杂性，并且商务网络信息生态链价值创造的协同机制因动力要素不同也由不同维度的协同机制构成，单个维度的协同机制其本身也作为复杂的系统，与其他动力要素相互作用、相互影响，同时通过自组织的非线性作用推动商务网络信息生态的实现价值创造。

作为复杂的系统，商务网络信息生态链的各个动力要素的协同机制之间是互相联系、相互影响，而不是独立存在的，不同的协同机制之间形成了一种耦合互动的关系。战略协同机制、组织协同机制、制度协同机制、资源协同机制和技术协同机制分别表示为 P_1、P_2和 P_3，则商务网络信息生态链的协同机制可以表达为：

$$F = f(P_1, P_2, P_3) \quad \text{（式 10）}$$

1. 战略协同机制的耦合作用分析

广义的战略协同机制可分为内部协同机制和外部协同机制。内部协同机制指系统中的结构维、能力维、文化维在战略层面上相互协调、配合的机制。外部协同机制基于生态系统理论的视角提出，指系统同协作生产企业、政府、中介机构、消费者、金融、媒体等外部因素形成战略联盟系统的协同机制，也称为系统群战略协同机制。商务网络信息生态链各子系统或信息主体之间均存在着关联性或互补性，相互激发或补充，促使战略目标的实现。

商务网络信息生态链的商务信息、信息主体、信息技术、信息环境构成的每一个节点成员都应该有一个统一的战略目标下的协同，这种战略目标就是让每一节点成员都能够在商务网络中学会自我组织繁衍、知识共享学习并制造出属于自己的核心竞争力的动力，这就让每一个节点成员要学会制定工作目标和明确自我的职能。商务网络信息生态链作为一个开放的复杂系统，由内部系统和外部系统构成。商务网络信息生态链对所处系统环境的适应性在很大程度上决定了其内部系统与外部系统的协调性，从而决定了商务网络信息生态链发展的战略方向。战略协同机制指商务网络信息生态链这一复杂系统在发展过程中，为提升系统自身对所处环境的适应性，由战略系统主导使其各子系统协同发展以产生整体涌现效应的运作机理与工作方式。战略协同机制表现为通过调整子系统的功能与运作，使各子系统相互协调、配合，相互促进，从而形成系统的有序结构，提升商务网络信息生态链对环境变化的适应和把握能力。战略协同机制既重视能力、资源、素质等方面，又重视文化、领导作用、组织管理等方面的控制机制。商务网络信息生态链形成了战略协同机制，会体现较强的组织性、适应性、凝聚力、吸引力，形成内外互动的自组织过程。商务网络信息生态链战略协同机制持续优化，各子系统协调运转，提高效率，减少损失，降低摩擦，避免冲突，商务网络信息生态链的总体功能得以充分发挥，以保证商务网络信息生态链协同稳定地发展，最终实现商务网络信息生态链价值创造。

2. 制度协同机制的耦合作用分析

所谓制度协同，是指信息主体对既定制度安排和制度结构的一种满足状态或满意状态。新制度经济学认为，制度协同是一个从制度均衡到制度不均衡，再到新的均衡的不断演进过程。制度协同包括三个方面：特定组织行为的改变、组织与环境间相互关系的变化、组织环境中支配行为的规则的改变。制度协同的收益是指把在现行安排下不能得到的外部利益通过改变制度安排而达到协同效应的内在化。制度协同实际上是一个经济组织追求绩效的制度不断调适的过程，而绩效则很可能决定着制度协同的方式、制度协同的速度和制度协同的路径。

在商务网络信息生态链中，制度协同机制是指信息主体为了追求系统整体价值的最大化，以制度作为手段在互相之间的价值联结点上所进行的协调行为。依据协同理论，商务网络信息生态链中通过制度建设所形成的信息主体之间的关系构成了商务网络信息生态链的基本关系。基于战略协同、资源协同、组织协同，商务网络中所有的主要成员都需要建立一定的制度，从而为其商务网络运营有着顺利的过程及结果做保障。时刻监督好商务网站的自组织行为到有秩序的全面协同下载信息网络技术、商务网站基础设施、物资交易网络的支撑下实现商务网络制度、信息人领导制度的硬性要求下集中加深商务网络内部的管理制度，从而保证了工作流中的组织协同的基本保障，引导并规范了商务网络主体的协同创造的自我约束行为。

制度协同机制是以商务网络信息生态链中各个信息主体资源的异质性或核心能力为基础的，因此资源协同机制是制度协同机制得以正常运转的保障与基础，制度协同机制运行的过程实际上就是信息主体之间资源配置及优势资源共享的过程。资源的异质性必然会引发商务网络信息生态链信息主体之间的竞争，导致内部子系统（包括信息主体、利益相关者和顾客等）之间的冲突，并导致优胜劣汰，打破商务网络信息生态链的平衡状态。信息主体为了生存与发展必然会通过商务网络信息生态链内部的技术协同机制，学习、积累新的知识、新的技术，制度协同机制实现了资源的优化配置，并使信息主体的技术得到发展，管理得到创新。同样，通过资源优化配置使信息主体获得了足以支持其生存与发展的稀缺资源，而资源的稀缺性也推动了信息主体的合作和专业化协作，并在组织协同机制的作用下推动了信息主体的信息生产能力的改善。只有各信息主体之间开展广泛而有效的合作，才能使得商务网络信息生态链的规模经济效应和范围经济的效应得到充分有效的发挥，能推动利益相关者战略和顾客忠诚协同机制发挥作用，使商务网络信息生态链内部各方利益得到平衡，并最大限度地满足信息消费者的信息需求。制度协同机制在资源协同机制的基础上，对商务网络信息生态链内部其他协同机制产生推动作用，导致商务网络信息生态链系统的平衡状态发生了改变，引发了商务网络信息生态链内部自组织的演化，而其他协同机制又对制度协同机制产生了不同程度的影响，多种协同机制共同作用推动系统重新达到了新的平衡状态。

3. 技术协同机制的耦合作用分析

商务网络信息生态链中技术协同机制，包括知识流动共享机制与技术创新共享机制两部分。

商务网络信息生态链中知识流动的协同机制是指商务网络信息生态链系统内部各个知识源、知识点开展互动的知识活动规则，或商务网络信息生态链内部不同知识体系中各知识构成要素之间的相互制约、相互联系的关系。商务网络信息生态链中知识协同机制的最终目的是通过建设、形成良好的知识协同模式，提高商务网络信息生态链系统中知识的利用效率，以实现知识转移、创造和共享的最优化目的。在价值网商务网络信息生态链中，在知识流动的协同机制的作用下，子系统和信息主体以知识动力要素为支撑进行技术创新，推动了商务网络信息生态链创新能力的提升及创新行为的增加。知识流动能有效推动商务网络信息生态链内部各种创新要素的有效结合，推动创新活动的开展。商务网络信息生态链中知识流动的效率与规律，直接决定了技术创新的运行与最终结构。与此同时，有效的知识流动协同机制能为其他协同机制的有效运行提供知识和理论基础，促进竞争与合作的开展，优化资源配置与共享的效率，协调利益相关者关系并最终达到价值创造的最终目标。在知识流动协同机制的作用下，商务网络信息生态链中各个信息主体通过内部与外部的学习，形成了商务网络信息生态链内部所需的关键性知识与重要资源，为商务网络信息生态链价值创造提供条件，实现价值最大化。

技术创新协同机制的最终目的，是通过技术创新实现技术扩散，通过新工艺或新技术来推动知识流动，提升资源配置和共享效率，进而以技术为原动力促进竞争与合作的开展，有效实现商务网络信息生态链价值创造的最终目标。商务网络信息生态链技术创新协同机制的良好运行能促进商务网络信息生态链中知识的流动，从而实现知识要素的更新与有效积累。实际上，商务网络信息生态链中新技术在系统内的扩散过程，就是信息主体之间的学习过程；信息主体通过技术创新获取超额价值之后，会引发和带动其他信息主体的学习和仿效，使信息主体在共享知识的基础上对获取的信息进行加工、处理，实现知识的积累与更新。此外，由于新技术的出现，必然会引发商务网络信息生态链竞争的加剧，引发不同利益相关者收益分配方面的冲突；而竞争的激烈必然又会引发一定程度上的合作，导致系统的资源配置与共享发生了变化，这都是技术创新协同机制对其他协同机制的耦合作用。

7.4　本章小结

本章利用自组织理论对商务网络信息生态链进行了分析，并通过主观和客观两个视角对商务网络信息生态链价值协同创造的动因进行了分析，然后又对商务网络信息生态链价值协同创造的节点、序参量演化进行了分析，最后构建了商务网络信息生态链价值协同创造的框架模型。

本章研究工作和结论：

（1）分析了商务网络信息生态链所具有的自组织特征包括：目标性、整体性、层次性、开放性、动态性、进化型、共享性、协同性，共 8 个特性。

（2）总结了商务网络信息生态链价值协同创造的主、客观动因，其中主观动因包括：生态链信息势能差、商务网站自身运营能力、节点商务网站自身发展需要；客观动因包括：信息主体需求价值、信息技术的价值需求、信息环境的价值需求。

（3）通过商务网络信息生态链价值协同创造的节点分析、序参量演化分析，首先构建了商务网络信息生态链价值创造的协同机制逻辑框架体系，进而构建了商务网络信息生态链价值协同创造的框架模型。

第 8 章

全书总结与研究展望

8.1 全书总结

本书在总结国内外学者研究成果的基础上，运用实证研究法、内容分析法、演绎推理法等多种研究方法，利用管理学、经济学和生态学等研究领域的相关知识和方法撰写而成。本书利用信息生态学的基础理论，对商务网络信息生态链价值的内涵、形成机理、模型进行了研究，运用系统动力学理论和实证分析的方法对商务网络信息生态链价值的影响因素进行了分析和概念模型的修正，最后对商务网络信息生态链价值的协同创造模型和演化博弈进行了分析和研究。经过本书的研究得到以下四点结论。

第一，通过对国内外供应链、价值链、信息生态等研究领域的梳理和总结，找到了商务网络信息生态链价值的研究空间，确定了本论文所研究的核心问题，为论文的研究提供了方向的指引和总体思路。以信息生态理论为研究基础，对商务网络信息生态链价值的相关问题进行了深入研究。利用自组织理论、系统动力学理论、演化博弈理论分别对商务网络信息生态链价值的内涵、属性、维度、形成机理、模型、协同创造模型和演化博弈模型，最终提出了博弈策略和建议。

第二，基于信息生态理论和耗散结构理论，对商务网络信息生态链价值的基本框架进行了分析。首先，在借鉴前人对商务网络信息生态链理论研究的基础上，提出商务网络信息生态链价值的内涵，并对其维度、属性、类别和商务网络信息生态链价值链的内涵及特征进行了分析。然后，又分析了商务网络信息生态链的耗散结构特征，价值形成的动因、价值形成的框架模型和价值形成的演化等问题进行了深入分析。最后，构建了商务网络信息生态链价值模型。

第三，基于系统动力学理论，分析了商务网络信息生态链价值协同创造的影响因素，并结合实证分析的方法，对商务网络信息生态链价值协同创造概念模型进行了检验和修正。通过对商务网络信息生态链价值协同创造影响因素的分析，找到相关影响因素，构建了商务网络信息生态链价值创造影响因素关系图和过程系统流图，并构建了商务网络信息生态链价值星系运行过程模型。利用实证分析的方法，设计了关于商务网络信息生态链价值协同创造的影响因素调查问卷，通过相关性分析、回归分析对假设模型进行了验证和修正。

第四，基于自组织理论，构建了商务网络信息生态链价值协同创造模型。首先，对商务网络信息生态链的自组织特征进行了分析；然后，通过主观和客观两个视角对商务网络信息生态链价值协同创造的动因进行了分析；最后，通过对商务网络信息生态链价值协同创造的节点和序参量演化分析，构建了商务网络信息生态链价值协同创造的框架模型，并对其耦合作用关系进行了深入分析。

第五，基于演化博弈理论，构建了商务网络信息生态链价值演化博弈模型，并提出了博弈策略和建议。基于演化博弈理论，以商务网络信息生态链上的两个任意节点为研究对象，针对商务网络信息生态链价值的演化博弈问题，论述了博弈的逻辑，厘清博弈类型，并建立了演化博弈模型。所提出的模型为商务网络信息生态链上的节点选择最佳的合作竞争策略提供了一种有效参考。最后在商务网络信息生态链中，对于节点如何分配到更大的价值收益应进行的博弈策略选择，提供了详细的策略建议。

8.2 研究创新点

本论文基于信息生态理论视角，分析了商务网络信息生态链价值协同创造问题，研究的创新性体现在以下四个方面。

（1）基于耗散结构理论和演化博弈理论构建了商务网络信息生态链演化模型。根据商务网络信息生态链自身特点，对其作为耗散系统具有的条件、演化规律、演化机理进行分析；利用演化博弈理论，分析商务网络信息生态链各主体的竞争协作关系；结合信息势能的思想，阐述商务网络信息生态链的演化机理。经过研究发现，商务网络信息生态链的演化路线分为5个阶段，其在演化过程中，逐渐由无序变为有序，由不稳定变稳定，最终形成以某一节点为核心节点的商务网络信息生态链。通过对商务网络信息生态链的演化逻辑和演化模型进行分析，利用耗散结构和演化博弈的思想分别构建其演化逻辑模型和演化模型，丰富商务网络信息生态链理论体系。

（2）构建了商务网络信息生态链价值模型。通过对商务网络信息生态链价值的基本内容进行分析，并基于耗散结构理论对商务网络信息生态链价值形成机理展开研究，最终构建了商务网络信息生态链价值模型。

（3）基于系统动力学理论构建了商务网络信息生态链价值星系运行过程模型。首先，分析了商务网络信息生态链价值创造的影响因素以及价值星系价值创造影响因素；然后，通过对影响因素的分析构建了商务网络信息生态链价值创造影响因素因果关系图和过程系统流图，及价值星系价值创造影响因素因果分析图和过程流图。最后，通过对商务网络信息生态链价值星系运行机制的分析，构建了价值星系运行过程模型。

（4）基于自组织理论构建了商务网络信息生态链价值协同创造模型。通过实证分析对商务网络信息生态链价值协同创造影响因素的检验及修正，确定了商务网络信息生态链价值协同创造的影响因素，最终构建了商务网络信息生态链价值协同创造模型，该模型的建立将对电子商务企业在未来的发展提供引导。

8.3　研究展望

8.3.1　研究局限性

本书从信息生态视角出发，利用自组织理论、演化博弈理论、价值网理论以及系统动力学理论对商务网络信息生态链价值的相关问题展开了研究。由于本人的学术水平、研究精力和时间的限制，研究中存在一定的局限性，主要体现在以下几个方面：

第一，本书在对商务网络信息生态链价值协同创造影响因素进行实证分析的过程中，问卷发放的范围较小、选择的对象不够全面、问卷量不够大，导致实证的结果具有一定的局限性。

第二，本书构建了商务网络信息生态链价值模型、价值协同创造的框架模型、演化博弈模型等，虽通过实证分析进行了其中模型的检验和修正，但还是缺少实际的应用。

8.3.2　未来研究方向

在互联网蓬勃发展的时代，商务网络必将会创造更大的价值。传统的商业模式已经无法满足用户的需求，商务网络将成为人们生活中的必需品。未来在本书的研究基础上，应结合实际企业，从用户需求、大数据分析、信息安全等研究视角出发，围绕信息生态理论，利用先进的科学方法进行深入研究，此领域未来的研究方向如下：

第一，理论需要实践来检验。本书中所研究的重点是围绕协同创造价值，并构建了价值协同创造模型、演化博弈模型，主要目的是帮助商务网络中的企业实现利益的最大化。在接下来的研究中，应重点结合与实际企业的联系，把所研究的成果放到企业中检验。

第二，随着用户需求的不断变化，商务网络必须保持与用户的紧密联系，不断调节内在机制与外部环境的联系，只有不断满足用户的需求才会创造更大的价值。

第三，重点应用大数据分析工具，对商务网络上产生的数据进行分析，从海量的数据中寻求有价值的信息，这将决定未来企业的发展方向。

第四，在商务网络环境下，用户在信息获取、交流和消费的过程中存在着个人信息安全的问题。人们对于信息安全的意识已经越来越强，商务网络信息的安全问题也将成为人们关注的重点，如何保护好用户的个人信息安全将成为未来重要的研究方向。

参考文献

［1］刘胜华．电子商务环境下供应链协同管理研究［J］．科技进步与对策，2005，10：168－169.

［2］卫晓玲．电子商务环境下供应链管理的竞争优势［J］．江苏商论，2005，(03)：27－28.

［3］陈长彬，陈功玉．理性看待电子商务环境下企业供应链管理［J］．商业研究，2002，(17)：122－124.

［4］王玉．论协同电子商务下的供应链模式团．生产力研究，2008，(08)：52－53.

［5］陈荣，吴金南．虚拟价值链：电子商务环境下企业竞争优势的分析工具［J］．经济管理，2006，13：44－46.

［6］奚伟，荣芳．从价值链角度分析 B2B 和 B2C 电子商务模式—兼谈我国企业的电子商务发展策略［J］．清华大学学报（哲学社会科学版），2000，(04)：72－76.

［7］苑春荟，左震林，梁雄健．电子商务重整企业价值链［J］．北京师范大学学报（人文社会科学版），2002，(04)：66－71.

［8］尹同国．B2B 电子商务系统中虚拟价值链研究［D］．吉林大学，2004.

[9] 范星妙. 电子商务环境下基于价值链的旅游企业战略联盟研究［D］. 中北大学，2010.

[10] 王建军，张召蒲. 移动电子商务的商业模型［J］. 研究前沿. 2006（1）：63－65.

[11] 张向国，吴应良. 移动商务价值网商业模式与运营机制研究［J］. 软科学. 2005（6）：34－37.

[12] 陈致豫. 移动商务价值链成员关系研究［J］. 华中科技大学. 2011.

[13] 赵千辅. 我国移动电子商务的价值链研究［D］. 北京邮电大学，2006.

[14] 刘道斌. 移动商务的价值链模型［J］. 研究理论与实践. 2009.

[15] 张新时. 90年代生态学的新分支——信息生态学［J］. 生物科学信息，1990，2（3）：101－103.

[16] 陈曙. 信息生态的失调与平衡［J］. 情报资料工作，1995（4）：11－13.

[17] 陈曙. 信息生态失调的剖析［J］. 山东图书馆季刊，1995（4）：4－7.

[18] 陈曙. 信息生态研究［J］. 图书与情报，1996（2）：12－19.

[19] 李美娣. 信息生态系统的剖析［J］. 情报杂志，1998（4），3－5.

[20] 娄策群，赵桂芹. 信息生态平衡及其在构建和谐社会中的作用［J］. 情报科学，2006（11）：1606－1610.

[21] 蒋录全. 信息生态与社会可持续发展［M］. 北京：北京图书馆出版社，2003：140.

[22] 陈远，陈子夏等. 企业信息化的终极目标：构建健康的信息生态系统［J］. 情报杂志，2007，（6）：108－110.

[23] 刘金玲．信息生态建设的社会问题及对策研究 [J]．图书馆理论与实践，2009，(6)：34 –37.

[24] 张海涛，孙学帅，张丽，张连峰等．商务网站信息生态系统构建与运行机制 [J]．情报理论与实践，2012，08：1 –6.

[25] 张海涛，张丽，张连峰，孙学帅等．商务网站信息生态系统的配置与评价 [J]．情报理论与实践，2012，08：12 –16 +11.

[26] 张海涛，张连峰，孙学帅，张丽等．商务网站信息生态系统经营效益评价 [J]．图书情报工作，2012，16：20 –24 +36.

[27] 马自坤．信息生态环境 [J]．生态经济，2002，08：73 –75.

[28] 李晓玲．论信息生态环境的影响因素和建设管理 [J]．情报杂志，2003，07：94 –95.

[29] 杜欣明．论信息生态环境的建设与管理 [J]．现代情报，2006，03：39 –40 +43.

[30] 陈秀英．网络信息生态环境危机及对策初探 [J]．图书馆学研究，2007，06：96 –98 +101.

[31] 冷晓彦，马捷．网络信息生态环境评价与优化研究 [J]．情报理论与实践，2011，05：10 –14.

[32] 娄策群．信息生态位理论探讨 [J]．图书情报知识，2006，05：23 –27.

[33] 刘志峰，李玉杰．信息生态位概念、模型及基本原理研究 [J]．情报杂志，2008，05：28 –30.

[34] 裴成发．基于集合论的信息生态位位移及影响研究 [J]．情报理论与实践，2009，11：17 –20.

[35] 冯秀珍，张建坤．面向信息服务平台的信息生态位研究 [J]．情报科学，2010，07：976 –979.

[36] 冯秀珍，张建坤．信息服务平台的信息生态位演化机理研究

[J]. 情报科学，2010，08：1132－1135.

[37] 陈文娟，娄策群. 信息生态位宽度的影响机理及调整策略 [J]. 情报理论与实践，2011，06：4－7.

[38] 叶青青，娄策群. 信息生态位重叠探析 [J]. 情报理论与实践，2011，06：8－11.

[39] 娄策群，周承聪. 信息服务机构信息生态位的优化策略 [J]. 情报理论与实践，2011，06：1－3＋7.

[40] 韩刚，覃正. 信息生态链：一个理论框架 [J]. 情报理论与实践，2007，(1)：18－20.

[41] 娄策群，周承聪. 信息生态链：概念、本质和类型 [J]. 图书情报工作，2007，09：29－32.

[42] 娄策群，周承聪. 信息生态链中的信息流转 [J]. 情报理论与实践，2007，06：725－727.

[43] 李佳玉. 信息生态链断裂问题研究 [J]. 情报理论与实践，2010，(6)：15－18.

[44] 张向先，史卉，江俞蓉. 网络信息生态链效能的分析与评价 [J]. 图书情报工作，2013，(15)：44－49.

[45] 娄策群，桂晓苗，杨光. 网络信息生态链运行机制研究：协同竞争机制 [J]. 情报科学，2013，08：3－9.

[46] 娄策群，杨瑶，桂晓敏. 网络信息生态链运行机制研究：信息流转机制 [J]. 情报科学，2013，06：10－14＋19.

[47] 娄策群，杨小溪，曾丽. 网络信息生态链运行机制研究：价值增值机制 [J]. 情报科学，2013，09：3－9.

[48] 娄策群，张苗苗，庞靓. 网络信息生态链运行机制研究：共生互利机制 [J]. 情报科学，2013，10：3－9＋16.

[49] 娄策群，毕达宇，张苗苗. 网络信息生态链运行机制研究：动

态平衡机制［J］．情报科学，2014，01：8－13＋29.

［50］李北伟，董微微，富金鑫．基于演化博弈理论的网络信息生态链研究［J］．图书情报工作，2012，22：102－106.

［51］杨瑶，方圣，宋文绩．网络信息生态链演进模式［J］．情报理论与实践，2015，06：6－9＋28.

［52］毕达宇，娄策群，张苗苗．网络信息生态链稳定性研究［J］．情报科学，2014，07：19－23.

［53］段尧清，余琪，余秋文．网络信息生态链的表现形式、结构模型及其功能［J］．情报科学，2013，05：8－11.

［54］许孝君，张海涛，瓮毓琦，刘阔．商务网络信息生态链结构模型构建［J］．图书情报工作，2013，15：50－55.

［55］张海涛，许孝君，宋拓等．商务网络信息生态链概念之内涵与外延解析［J］．图书情报工作，2014，16：14－22.

［56］张海涛，张连峰，王丹，许孝君．商务网络信息生态链的功能研究［J］．情报杂志，2015，08：163－168.

［57］Vuori，E. Forthcoming. World Resources Institute，2000.

［58］JavalgiR. GToddPR，SchererRF. The dynamics of global ecommerce an organizational ecology perspective［J］. Internet Research，2005，（4）：12－18.

［59］Mahesh Nagarajan，Greys So3ib. Game－Theoretic Analysis of Co-operation Among Supply Chain Agents：Review and Extensions［J］. European Journal of Operational Research，2008，（3）：719－745.

［60］Charles C Poirier. Michael J Bauer. E－Supply Chain［M］. Ber-rett－Koehler

［61］Suman Mallik，Patrick T. Harker. Coordinating Supply Chains with Competition：Capacity Allocation in Semiconductor Manufacturing［J］. European

Journal of Operational Research, 2007 (159): 330 -347.

[62] Mei Cao, Qingyu Zhang. Supply Chain Collaboration: Impact on Collaboration advantaged Firm Performance [J] . Journal of Operations Management, 2011 (29): 163 -180.

[63] Rong Liu, Akhil Kumar. Leveraging Information Sharing to Configure Supply Chains [J] . Information Systems Frontiers, 2011, 13 (1): 139 -151.

[64] Subhashish Samaddar, Savitha S. Kadiyala. An Analysis of Interorganizational Resource Sharing Decisions in Collaborative Knowledge Creation [J] . European Journal of Operational Research, 2006, 170 (1): 192 -210.

[65] Melise Paula. Knowledge Management in the Business Process Negotiation [J] . ProductionEconomics, 2009 (6): 503 -509.

[66] Rulke E, lyer G A. Chiasson. The Ecology of Mobile Commerce: Charting a Course for success Using Value Chain Analysis [C] . Mobile Commerce: Technology, Theory and application, 2003

[67] Morna S. Y Lee, Peter Mc Goldrick, Kathleen A. Keeling. Using ZMET to explore barriers to the adoption of 3G mobile banking Management. 2003, 31 (6): 340 - 348. services [J] . International Journal of Retail&Distribution

[68] Polyzos&Constantiou, the Impact of Technology Advances on Strategy Formulation in Mobile Communication Networks [M], Athens University of Economics and Business, Greece, 2004.

[69] Carleen F. Maitlang, Johannes M. Bauer, Rudi Westerville. The European market for mobile data: evolving value chains and industry structures [J] . Telecommunications Policy, 2002 (26): 485 -504.

[70] Kuo YYUC. 3G Telecommunication operators challenges and roles; A

Perspective of Mobile Commerce Value Chain [J] . Technovation, 2006, 26 (12): 1347 -1356.

[71] Pollsp. Pstrln. v. a. Chain Model for Mobile Data Service Providers [J] . TelecommunicationsPolicy, 2002 (26): 551 -571.

[72] Franz Buellingen, Martin Woerter. Development Perspectives, Firm Strategies and Applications in Mobile Commerce [J] . Journal of Business Research, 2004 (57): 1402 -1408

[73] Stuart J. Barnes. The Mobile Value Chain: Analysis and Future Developments [J] . International Journal of Information Management. 2002 (22): 91 -108.

[74] Teece D. J. Business Models, Business Strategy and Innovation [J] . Long Range Planning, 2010, 43, (2 -3): 172 -194.

[75] Osteitvalder A. Business Model Generation [M] . Amsterdam; Privately Published, 2009.

[76] Zott C. , Amit R. Business216 -226. Design: an Activity System Perspective [J] . Long Range Planning, 2010, 43, (2 -3) .

[77] A Rapp, T Rapp, N Schillewaert, An empirical analysis of e - service implementation: antecedents and the resulting value creation 《Journal of Services Marketing》, 2008, 22 (1): 24 -36.

[78] Horton F. W. Information ecology [J] . Journal of Systems Management, 1978, 29 (9): 32 -36.

[79] Harris K. Information ecology [J] . International Journal of Information Management, 1989, 9 (4): 289 -290.

[80] Hasenyager B W. Managing information ecology: A collaborative approach to information technology management [M] . Westport: Quorum Books, 1996.

[81] Davenport T H, Prusak L. Information ecology: Mastering the information and knowledge environment [M] . New York: Oxford University Press, 1997.

[82] Nardi B A. Information ecologies: Highlights of the keynote address [J] . Reference and User Services Quarterly, 1998, 38 (1): 49 – 50.

[83] Capurro R. Towards an information ecology [M] . Wormell Information Quality: Definitions and Dimensions. London: Taylor Graham, 1990: 122 – 139.

[84] Walker R L. Hierarchical task topology for retrieving information from within a simulated information ecosystem [J] . Journal of Network and Computer Applications, 2005, 28 (2): 77 – 96.

[85] Perez – Quinones M A, Tungare M, Pyla P S, et al. Personal information ecosystems: Design concerns for net – enabled devices [C] . Proceedings of Latin American Web Conference, 2008: 1 – 11.

[86] Moccozet L. Personal information ecosystem information A framework for immersive blended training in information and communication technologies literacy [C] . Proceedings of the 3rd IEEE International Conference on Digital E-cosystem and Technologies, 2009: 229 – 234.

[87] Hannabuss S. The laws of the Web: Patterns in the ecology of information [J] . Library Review, 2005, 54 (7): 440 – 442.

[88] Garcia – Marco F J. Libraries in the digital ecology: Reflections and trends [J] . The Electronic Library, 2011, 29 (1): 105 – 120.

[89] Detlor B. The corporate portal as information infrastructure: Towards a framework for portal design original research article [J] . International Journal of Information Management , 2000 , 20 (2): 91 – 101.

[90] Assadourian E. Global economic growth continues at expense of eco-

logical systems [J] . World Watch, 2008 (3): 30 – 31.

[91] Zhu Ling, Sherry M B. Thatcher. National information ecology: A new institutional economics perspective on global e – commerce adoption. Journal of Electronic Commerce Research, 2010, 11 (1): 53 – 72.

[92] 刘红. 信息生态理论研究评价 [J] . 图书馆学研究, 2012, 14: 2 – 5 + 24.

[93] 张海涛, 王丹, 张连峰, 尹慧子. 商务网络信息生态链的演化逻辑及演化模型研究 [J] . 图书情报工作, 2015, 18: 95 – 101.

[94] 龚祝平. 制造信息系统演化与耗散结构的关系 [J] . 情报杂志, 2007 (1): 79 – 80 + 85.

[95] 任佩瑜, 工苗, 任竞斐, 等. 从自然系统到管理系统—熵理论发展的阶段和管理熵规律 [J] . 管理世界, 2013 (12): 182 – 183.

[96] 张亚明, 刘海鸥, 朱秀秀. 电子信息制造业产业链演化与创新研究——基于耗散理论与协同学视角田. 中国科技论坛, 2009 (12): 38 – 42.

[97] 李北伟, 董微微, 富金鑫. 基于演化博弈理论的网络信息生态链研究 [J] . 图书情报工作, 2012, 56 (22): 102 – 106.

[98] 沈小峰, 胡岗. 耗散结构论 [M] . 上海: 上海人民出版社, 1987.

[99] 张海涛, 许孝君, 宋拓, 张连峰. 商务网络信息生态链概念之内涵与外延解析 [J] . 图书情报工作, 2014 (16): 14 – 22.

[00] 杨瑶, 方圣, 宋文绩. 网络信息生态链演进模式 [J] . 情报理论与实践, 2015, 06: 6 – 9 + 28.

[101] CoolyeM. Architecture or bee? The human/technology relation – skip [M] . London: The Hogarth Press, 1987.

[102] 毕达宇, 娄策群, 张苗苗. 商务网络信息生态链动态平衡影响因素及实证分析 [J] . 情报理论与实践, 2016, 04: 114 – 118 + 113.

［103］毕达宇，娄策群，张苗苗．网络信息生态链稳定性研究［J］．情报科学，2014，07：19－23.

［104］庞靓，冯玉娇，娄冬．网络信息生态链信息共享研究［J］．图书馆学研究，2016，01：2－6.

［105］许孝君．商务网络信息生态链的形成机理与运行机制研究［D］．长春：吉林人学，2014.

［106］娄策群，江彦，韩艳芳．网络信息生态链形成的主要标志与发育过程［J］．情报理论与实践，2015，06：1－5.

［107］杨瑶，娄策群．基于成长阶段的网络信息生态链培育策略［J］．情报理论与实践，2014，10：30－34＋9.

［108］杨瑶，方圣，宋文绩．网络信息生态链演进模式［J］．情报理论与实践，2015，06：6－9＋28.

［109］李北伟，徐越，单既民，魏昌龙，张鑫琦，富金鑫．中国购物网站网络信息生态链研究［J］．现代图书情报技术，2013，09：67－73.

［110］李北伟，董微微．基于演化博弈理论的网络信息生态链演化机理研究［J］．情报理论与实践，2013，03：15－19.

［111］邓恬湉．基于演化博弈论的网络信息生态链演化机制研究［D］．华中师范大学，2014.

［112］李北伟，董微微，富金鑫．基于演化博弈理论的网络信息生态链研究［J］．图书情报工作，2012，22：102－106.

［113］肖静，李北伟．基于演化博弈论的网络信息生态链演化过程研究［J］．情报理论与实践，2014，03：36－40.

［114］吴婷婷．电子政务信息生态链结构及其优化研究［D］．华中师范大学，2014.

［115］约翰．A. 米勒．作业管理实务［M］．上海人民出版社．2002：87.

[116] 赵娜．供应链价值创造与提升的过程及绩效评价研究［D］．西安理工大学，2007.

[117] Rayport JF, Sviokla JJ. Exploiting the Virtual Value Chain [J], Harvard Business Review, 1995, (Sep – Dec.): 75 – 91.

[118] 杨小溪．基于信息生态理论的供应链优化研究［D］．华中师范大学，2009.

[119] 简兆权．动态竞争环境下的企业战略转换研究［D］．西安交通大学，2006.

[120] 胡汉辉，刘怀德．价值转移理论的形成及其启示［J］．研究与发展管理，2002，01：16 – 21 + 34.

[121] 张海涛，许孝君，宋拓，张连峰．商务网络信息生态链概念之内涵与外延解析［J］．图书情报工作，2014，58（16）：14 – 22

[122] 张海涛，张连峰，王丹，许孝君．商务网络信息生态链的功能研究［J］．情报杂志，2015，34（8）：163 – 168

[123] 简兆权．动态竞争环境下的企业战略转换研究［D］．西安交通大学，2006.

[124] 胡汉辉，刘怀德．价值转移理论的形成及其启示［J］．研究与发展管理，2002，01：16 – 21 + 34.

[125] 李德顺．价值论：一种主体性的研究（第3版）［M］．北京：中国人民大学出版社，2013.

[126] 刘以研．移动金融产业价值链的价值分配研究［D］．吉林大学，2013.

[127] 徐升华，易艳，邹家成．基于信息生态链的电子商务知识管理系统动力学分析［J］．情报科学，2015，08：3 – 9.

[128] 马捷，胡漠，魏傲希．基于系统动力学的社会网络信息生态链运行机制与优化策略研究［J］．图书情报工作，2016，04：12 – 20.

[129] 徐升华，易艳，邹家成．基于信息生态链的电子商务知识管理系统动力学分析［J］．情报科学，2015，08：3－9.

[130] 赵亮，张茜，王莹．基于系统动力学的电子商务第三方物流研究［J］．物流技术，2013，09：319－322.

[131] 王丹．商务网络信息生态链价值模型研究［D］．吉林大学，2016.

[132] 程国平，荀卫．基于系统动力学的物流协同创新模式运行绩效研究——以电子商务综合物流平台为协同平台［J］．物流技术，2015，21：60－66.

[133] 董微微，李北伟，肖静，刘馨然．商务网站信息生态系统的系统分析［J］．情报理论与实践，2012，08：7－11.

[134] 刘慧娟．基于系统动力学的电子商务生态链优化研究［J］．中国科技信息，2016，08：126－129.

[135] 张鑫，汤思源，廉子龙，杨学成．基于系统动力学移动电子商务的支付问题研究［J］．中国科技论坛，2010，10：107－112.

[136] 张昭俊，谭霞．基于系统动力学的创新型企业价值管理研究［J］．内蒙古工业大学学报（自然科学版），2014，02：153－157.

[137] 李建钢，李秉祥．创新型企业成长动力机制的系统动力学解释［J］．科技管理研究，2014，19：137－140.

[138] 李建钢，李秉祥．创新型企业成长过程中创新演化的阶段特征及仿真模拟［J］．运筹与管理，2015，03：227－233.

[139] 罗公利，冯海涛．基于政府视角的创新型企业培育系统动力学模型研究［J］．青岛科技大学学报（社会科学版），2013，02：50－54.

[140] 王玉梅，罗公利．创新型企业竞争力提升的动力系统模型构建与机理分析［A］．中国管理现代化研究会、复旦管理学奖励基金会．第八届（2013）中国管理学年会——组织与战略分会场论文集［C］．中国

管理现代化研究会、复旦管理学奖励基金会，2013：6.

［141］ Simon D G，Hitt M A，Ireland R D. Managing Firm Resources in Dynamic Environments to Create Value：Looking inside the Black Box ［J］ Academy of Management Review，2007，32 （1）：273 – 292.

［142］ Lepak D P，Smith K G，Taylor M S. Value Creation and Value Capture：A Multilevel Perspective ［J］ . Academy of Management Review，2007，32 （1）：180 – 194.

后　记

二十余载的学习生活让我收获良多，同时也感慨时光的飞逝。2011 年考入吉林大学管理学院，如今已度过五年半的光阴。在这里我结识了许多同学和老师，也正是他们无私的帮助和关怀才使我可以不断前进，取得今天的成果。所以，在这里我要向他们表达我最真挚的谢意。

感谢恩师张海涛教授，能够跟随老师学习是我人生一大幸事。老师知识渊博、治学严谨、见解深刻，在博士论文的写作过程中得到老师悉心的指导，从论文选题到篇章架构，再到问卷设计、数据收集最后成稿，都倾注了老师大量的心血。老师为人友善，心思细腻，处处为他人着想，对待学生宽容、平等而真诚，学生的事情老师总是竭尽全力，把每一个学生都当作自己的孩子一样照顾，使整个师门有了家一样的感觉，让人留恋。老师不仅是我学业上的导师，也是我生活和工作上的导师。师者，传道授业解惑。五年多的研究生学习，让我有许多时间接触老师，并接收到老师的谆谆教诲，使我明白了许多做人的道理、处事的道理，让我得到了不断的成长和提高。恩师的教导是我一生最宝贵的财富，我将铭记在心。

感谢师门的兄弟姐妹们，感谢我的家人，有了他们无私的爱和支持才成就了我今天的学业。

最后，在此书稿即将出版之际，祝愿所有帮助我的老师、同学、朋友和家人身体健康，万事顺意。

2018 年 5 月于长春